AF214817

SVEN BÜRKNER

Freiheit und Individuation

Werde der Mensch, der in Dir steckt

Impressum

© 2021 Sven Bürkner
Umschlagdesign, Layout: 4H DIGITAL (www.4h-digital.de)
Verlag & Druck: tredition GmbH, Halenreie 40-44, 22359 Hamburg

ISBN
978-3-347-33217-1 (Paperback)
978-3-347-33218-8 (Hardcover)
978-3-347-33219-5 (e-Book)

Ich veröffentliche dieses Buch ohne Neutralisierungen, Gendersternchen, Binnen-I oder andere Formen der genderneutralen Sprache in der Überzeugung, dass eine Verkomplizierung unserer Sprache uns von den eigentlichen Problemen ablenkt. Als Gesellschaft ist es unsere gemeinsame Aufgabe, Chancengleichheit und die Freiheit des Individuums als unabdingbare Grundrechte zu etablieren und dauerhaft zu sichern. Diskriminierungen müssen wir gemeinsam die Stirn bieten. Mit diesem Buch will ich meinen Beitrag zu einer besseren Gesellschaft leisten, indem ich aufzeige, wie Freiheit und Verantwortung verknüpft sind.

Dieses Buch widme ich meinem Vater. Ihm verdanke ich viele Fertigkeiten und Fähigkeiten, die mich auf meinen Wegen weiter voranbringen.

Inhalt

▽ ∨ ▽

*"What we call the beginning is often the end
And to make an end is to make a beginning.
The end is where we start from."*

T. S. Eliot, Little Gidding

Prolog

Die Rückfahrt

Im Sommer 2015 hatte ich mein erstes „Erwachen". Ja wirklich: Ich wurde im wahrsten Sinne des Wortes „wach". Der Ort war keine Kirche, kein Kloster, auch wanderte ich zu dieser Zeit nicht auf dem Jakobsweg nach Santiago de Compostela. Ich saß hinter dem Steuer meines schwarzen Audi A4 Firmenwagens auf dem Rückweg einer dreitägigen Dienstreise, die mich 1500 km durch die neuen Bundesländer geführt hatte. Es war später Abend und der Großteil der Rückfahrt bereits geschafft, da vollzog sich ganz plötzlich ein Ereignis, welches mein Leben verändern sollte.

Vielleicht kennen Sie diese inneren Gedankendialoge, die uns den ganzen Tag über begleiten. L: „Ich könnte einen Cappuccino kochen. Das habe ich mir jetzt verdient." R: „Nein, schreibe noch das Kapitel zu Ende, du fauler Sack."[1]

---

1 **L** – linker Engel, **R** – rechter Engel. Die Vorstellung wir hätten zwei Wesen auf unseren Schultern sitzen, ist tief in unserer metaphysischen Gedankenwelt verankert.

An diesem Abend verlief ein innerer Dialog so: **L**: „Bald habe ich es geschafft, Endspurt." **R**: „Wie weit ist es denn noch?" **L**: „Lass kurz überlegen – durch Bielefeld bist du schon durch." **R**: „Dann kommt doch gleich links Jung Pumpen." **L**: „O.K., danach Halle, A33, Home." **R**: „45 Minuten!"

In diesem Augenblick blickte ich aus dem Seitenfenster und sah eine Tankstelle. Die passte hier nicht hin. Wo bin ich???

Es ratterte in meinem Kopf, verwirrt stoppte ich an einer Ampel, fuhr an und erst jetzt begriff ich, dass ich mich mitten in Bad Oeynhausen befand, somit 50 km vom gedachten Ort entfernt und vor allem auf einer komplett anderen Route. Ein eigenartiges Gefühl befiel mich. Irritation mischte sich mit Unsicherheit. Ich atmete tief durch, trank einen Schluck Wasser und fuhr über die A30 nach Hause.

Als ich am nächsten Tag meiner Arbeitskollegin von diesem Ereignis erzählte, erst da wurde mir der Zusammenhang so richtig klar: In den letzten Wochen war ich regelmäßig in Thüringen, Sachsen und Brandenburg unterwegs gewesen. Immer wenn der letzte Einsatzort in Thüringen lag, ging es über Bielefeld zurück. Diesmal endeten meine Termine in Brandenburg, folglich war ich über Bad Oeynhausen gefahren. Das hatte sich

---

Insbesondere im Islam gibt es diese Vorstellung bis heute. Hier fungieren die Engel aber mehr als Protokollführer über die guten sowie schlechten Taten des Menschen. Siehe hierzu auch Mandanipur (2020).

überlagert. Ich erinnerte mich an Berichte, dass Menschen, die beruflich international unterwegs sind, manchmal nach dem Aufwachen nicht wissen, auf welchem Kontinent sie sich gerade befinden. Das konnte ich damals schon nachvollziehen und ich sah die Parallelen zu meinem Ereignis, aber auch den gravierenden Unterschied. Ich hatte damals mein Leben in meiner Hand; in Form eines kleinen, schwarzen Lenkrades.

Zu dieser Zeit arbeitete ich für ein mittelständisches Familienunternehmen und leitete einen Geschäftsbereich. Zudem war ich für die Führung von 140 Mitarbeitern zuständig. Ich mochte meine Arbeit sehr. Ich konnte eigenständig handeln und entscheiden. Insbesondere die Führung von Mitarbeitern empfand ich als wirkliche Bereicherung. Sie war eine Quelle regelmäßigen, positiven Feedbacks meiner Arbeit. Ich war verheiratet und mein Sohn damals fünf Jahre alt. Für mein Umfeld war ich der glückliche Sonnyboy, den das Leben immer verwöhnt hatte. Wenige kannten den stillen Denker, der nächtelang grübeln konnte.

Der Start

Nach meiner „Rückfahrt" erlebte ich einige Tage später dann eine Nacht mit „Kopfkarussell auf Höchsttouren". Es arbeitete in mir. Ich reflektierte das Geschehene auf einer anderen Ebene. Weg von der rein physikalischen und logischen Erklärung hin zu einer Interpretation. Ich hatte erlebt, mir des Ortes, an dem ich mich befand, nicht gewahr zu sein; und das im Zustand vollen Bewusstseins. Urplötzlich tat sich ein weites Tor auf und wie eine kontinuierliche Flut stiegen in mir Fragen auf:

Lebst du wirklich dein Leben?

Verschenkst du nicht irre viele Stunden in genau solchen Situationen, wo du dir noch nicht einmal deines Ortes bewusst bist?

Betreibst du Raubbau an deinem Körper?

Wofür tust du das eigentlich?

Gibt es da noch einen anderen Weg?

Am nächsten Tag nahm ich mir ein hübsch gebundenes DIN A4 Notebook, welches bereits seit drei Jahren auf meinem Sekretär geparkt lag. Ich hatte dieses einst als Präsent einer Geschäftspartnerin erhalten, aber nie eine Verwendung dafür gesehen. Zum Wegwerfen war es jedoch zu schade. Einem inneren Antrieb folgend, schrieb ich in die drei Linien der zweiten Innenseite: „Mein persönliches Buch der Freiheit". Mehr Linien hatte dieses Notebook auch nicht, denn es war ansonsten blanko.

Danach erfolgte mein erster Eintrag auf der Folgeseite: „Arbeit bedeutet für mich, das zu tun, was mir am Herzen liegt." In vier Zeilen hatte ich diesen Gedanken ausladend auf eine halbe Seite geschrieben. Das war der Start einer Reise, die ich seit mehr als fünf Jahren beschreite.

Dieses Buch wird zunächst die Meilensteine beleuchten, welche meinen persönlichen Weg charakterisieren, um im Anschluss die Themen Freiheit und Individuation zu erläutern und damit ein theoretisches Fundament zu liefern. Ich möchte vor allem jenen Menschen Mut machen, die wie ich tief im Inneren spüren, dass etwas in ihrem Leben nicht komplett stimmig ist und die nach einer Veränderung streben. Ich werde Techniken aufzeigen, die dabei helfen, den richtigen Weg seines persönlichen Lebens zu finden. Dieses Buch unterscheidet sich bewusst von den vielen Ratgebern, wie man frühzeitig aus dem Job aussteigen oder als Internet-Nomade leben kann. Ich halte solche Ratgeber sogar für höchst gefährlich, leiten sie doch viele Menschen vom Regen in die Traufe.

Etappenziel

24. Juni 2020 - fünf Jahre sind vergangen. Deutschland befindet sich noch immer im Corona-Shutdown, erste Lockerungsmaßnahmen sind ergriffen worden.

An diesem Abend steht die Sonne noch um 20 Uhr hoch am Horizont, als ich mit kräftigen Schlägen die Weser bei Achim auf meinem Stand-Up-Board flussaufwärts paddele. Ich bin überrascht, dass die Weser hier kleine Strandabschnitte hat. Feiner, weicher, weißer Sand säumt hier und da das Ufer. Nach zwei Kilometern mache ich an einer besonders schönen Stelle Halt. Ich ziehe das SUP an Land, setze mich in den Sand und blicke lange auf den Fluss. Ich bin wohl schon hunderte Male auf einer Autobahnbrücke über diesen Fluss gefahren, heute sehe ich ihn zum ersten Mal. Nach einer Weile stehe ich auf und gehe ins Wasser. Die Strömung ist deutlich fühlbar. Schnell fällt der Grund ab und ich schwimme parallel zum Ufer gegen den Strom. Das Wasser ist herrlich kalt. Ich spüre meinen Körper, bin ganz bei mir im Hier und Jetzt.

Auf dem Rückweg „fliege" ich mit der Strömung zurück zum Hotel, in dem ich heute als Trainer ein Seminar für Persönlichkeitsentwicklung gehalten habe. Morgen kommt eine zweite Gruppe von Mitarbeitern und ich freue mich bereits jetzt auf die bevorstehenden Begegnungen und die Herausforderungen, die ein neuer Arbeitstag für mich bereithält.

„We shall not cease from exploration
And the end of all our exploring
Will be to arrive where we started
And know the place for the first time."

T.S. Eliot, Little Gidding

Teil I:
Erfahrungsbericht

▽ I. Verortung eines Neuanfanges

Zurück ins Jahr 2015. Da saß ich nun mit meinem weißen Notebook, dessen Titel und erste Einträge ja bereits einen Hinweis auf eine Richtung gaben. Es ging mir ganz offensichtlich um mehr persönliche Freiheit und eine Veränderung meiner Arbeitstätigkeit. In der Tat hatte ich in der Vergangenheit regelmäßig das Gefühl, öfters keine wirklich freien Entscheidungen treffen zu können. Berufliche Termine wie Messen und Vermarktungszyklen takteten meinen Jahresablauf und die Ferienzeiten des Kindergartens gaben uns bereits seit zwei Jahren unsere Urlaubszeiten vor, in die wir unsere Inseln der Erholung quetschten. Die Zeit schien dabei von Jahr zu Jahr immer schneller zu laufen. Das Bild vom Hamsterrad drängte sich auf. So kam mir die Idee, eine schriftliche Bestandsaufnahme meiner Situation zu machen. Dieses ist auch die erste Technik, die ich meinen Lesern empfehle, wenn sie das dumpfe Gefühl in sich tragen, es müsse sich etwas in ihrem Leben verändern.

Technik 1: Verortung eines Neuanfanges

Fragenkatalog

Was lebe ich bereits, was mir wichtig ist?

Was kann zukünftig wegfallen?

Was belastet mich?

Was sollte einen höheren Stellenwert bekommen?

Nach welchen Regeln lebe ich?

Welche Regeln davon sind überholt oder waren nie meine eigenen?

Welche Handlungen sind leere Routinen geworden und bereichern mein Leben nicht?

Gibt es Routinen oder schlechte Angewohnheiten, die mir zuinnerst zuwider sind und mir dauerhaft schaden werden?

Was könnte an Stelle dieser Gewohnheiten treten?

Die hier präsentierten Fragen können natürlich durch beliebig andere Fragen ergänzt oder ersetzt werden, je nachdem welche Ausgangssituation für den eigenen Veränderungsprozess erkannt wird.

Es dauert seine Zeit, diese Fragen alle aufrichtig zu beantworten, jedoch es lohnt sich. Stück für Stück kamen im Laufe der nächsten Wochen die Antworten zu Tage. Mir wurde zum einen klar, wie viel Wertvolles ich im familiären und beruflichen Kontext hatte, aber auch die Menge an Routinen, die ich zu hinterfragen begann. Bestimmte berufliche Handlungen entlarvten sich plötzlich als leere Routinen. In meiner damaligen Tätigkeit war ich unter anderem für den Einkauf und die Vermarktung von Convenience-Artikeln zuständig. Dabei handelte es sich hauptsächlich um Tabakwaren, stark zuckerhaltige Erfrischungsgetränke und Energydrinks sowie Süßigkeiten jeglicher Couleur. Meine Frau, die als Ärztin praktiziert, hatte schon früh in unserer Beziehung einen „Running Gag" eingeführt. Wann immer wir auf einer Party nach unseren Berufen gefragt wurden, war ihr finaler Kommentar: „Unsere Berufe ergänzen sich hervorragend. Mein Mann sorgt dafür, dass mir die Patienten nicht ausgehen."

Ich war gut in der Branche vernetzt und anfangs hatte ich großen Spaß bei dieser Tätigkeit verspürt. Nun wurde mir aber zunehmend deutlich, dass ich innerlich diese Produkte größtenteils ablehnte. Als Nichtraucher und Sportler, der Wert auf eine gute und ausgeglichene Ernährung legt, war meine persönliche Schnittmenge mit diesen Produkten marginal. Anfangs war meine Haltung diese: Mir persönlich müssen die Produkte ja nicht gefallen, Hauptsache unsere Kunden kaufen sie und ich kann den Bereich, für den ich Verantwortung trage, weiterentwickeln.

Was mir immer wichtig war, waren die Menschen, mit denen ich Geschäfte machte und zusammen Ideen entwickelte. Jede berufliche Tätigkeit besteht mehr oder weniger aus Routinen, wir sollten aber in uns hören, ob diese Routinen für uns einen Sinn vermitteln, einen Anker darstellen oder unser Leben bereichern. Ich stellte für mich fest, dass viele meiner beruflichen Routinen bedeutungslos oder sogar leicht belastend waren, da sie mich nervten und ich mich aufraffen musste, diese Aufgaben anzugehen. Was mir dabei half, war eine hohe Selbstdisziplin. Sowohl meine familiäre Prägung als auch meine ersten beruflichen Stationen in der Offizierslaufbahn der Deutschen Marine hatten in mir ein ausgeprägtes Durchhaltevermögen kultiviert. Am Ende meiner 20er Lebensjahre entdeckte ich dann noch den Marathonlauf als ein lohnenswertes Ziel. Nach einem Jahr gezielten Trainings lief ich das erste Mal den Berlin Marathon mit. Auch physisch hatte ich somit mein Durchhaltevermögen und meine Leidensfähigkeit bewiesen.

Jetzt erst dämmerte es mir, dass diese Charaktereigenschaft mir vielleicht auch im Wege stehen könnte. Denn da war sofort die Stimme, die mich zum Durchhalten aufforderte. Einen solchen Job gibt man nicht her! Das ist nur ein Zwischentief, so wie bei Kilometer 32! Jammern auf hohem Niveau!

Was ich hier in wenigen Absätzen zusammenfasse, war ein Analyseprozess, der sich über Wochen hinzog. Jeder weitere Gedanke, den ich zu Papier brachte, warf neue Fragen oder Reflexionen auf. Genau das ist das Ziel dieser Übung. Wer die **Verortung eines Neuanfanges** an einem Tag abschließt, dessen Leben wird sich nicht ändern. Das ist dann auch gut so. Die Technik ist angelegt, einen inneren Dialog zu entfachen. Indem die Antworten auf Papier festgehalten werden, haben sie Bestand, können reflektiert und weiterentwickelt werden. Verzichtet man auf eine schriftliche Fixierung, droht das Hängenbleiben in den immer gleichen Gedankenkreisen. Gerade der Punkt, was denn zukünftig einen größeren Stellenwert erhalten soll, ist ein evolutiver Aspekt. Das bedeutet, dieser Aspekt wird sich über einen längeren Zeitraum entwickeln. Es beginnt vielleicht nur mit einem Stichwort oder einer Feststellung. „Mir sind Menschen wichtig", war ein solches, frühes Statement bei mir. Hier knüpften dann später neue Fragen an: „Wie kann ich den Menschen in meinen beruflichen Mittelpunkt stellen?" oder „In welchem Umfeld möchte ich zukünftig wirken?"

Ein anderer Aspekt war das Verlangen nach einer Pause. „Ich will die Routine durchbrechen! Ich will etwas Verrücktes machen, etwas Neues ausprobieren!"

Diese Übung kann einen lebensverändernden Impuls geben. Erst viel später habe ich die Zusammenhänge verstanden, auf die ich noch eingehen werde. Soviel sei gesagt: Ab einem bestimmten Punkt lenkt unser Unbewusstsein die Aufmerksamkeit in die richtige Richtung. Selten ist dieses eine zielstrebige Gerade, sondern meist gleicht sie einem Labyrinth mit vielen toten Enden. Ein solches totes Ende war bei mir übrigens die anfängliche Überlegung, komplett aus dem Job auszusteigen und mir im wahrsten Sinne des Wortes meine Freiheit zu nehmen. Wochenlang habe ich in diese Richtung gedacht, recherchiert und geplant. Dann lenkte mein Unbewusstes meinen Focus auf das Sabbatical. Das war mein erster konkreter Meilenstein. Ich spürte in diesem Herbst einen neuen Energieschub. Ich hatte ein wertvolles Ziel. In 2016 werde ich eine geplante Auszeit machen. Jetzt ging es darum die Voraussetzungen zu schaffen, dieses Ziel zu erreichen.

Ja, ich entdeckte mit dieser Übung auch meine schlechten Gewohnheiten. Anfangs mag noch der Drang aufkommen, diese zu verteidigen. Sind sie aber erst einmal aufgeschrieben und vor allem ausgearbeitet, wie diese einem langfristig schaden oder auch einfach nur wertvolle Zeit stehlen, fällt es viel leichter, sich ihnen zu stellen und diesen schlechten Angewohnheiten etwas Positives entgegenzusetzen.

Bei jedem werden hier andere Dinge zutage kommen. Typische negative Angewohnheiten sind sicherlich das Rauchen, schlechte Ernährung, zu wenig Bewegung, zu viel Medienkonsum. Für mich stellte ich fest, wie viel Zeit ich mit der Aufnahme von Nachrichten vergeudete. Ich verfolgte aus einer Routine vor allem Wirtschafts- und Finanzmarktnachrichten. Aber auch die täglichen politischen Nachrichten hielt ich für wertvoll. Tagesschau und Zeitungen spielten damals noch eine große Rolle in meinem Leben. Heute verfolge ich Nachrichten nur noch am Rande. Ja, so verpasse ich manche Katastrophe, die sich in der Welt ereignet. Aber gerade das scheint einen ganz positiven Effekt aufs eigene Leben zu haben. Es ist uns heute gar nicht mehr bewusst, wie viele schreckliche Nachrichten und Geschichten wir im Laufe einer Woche bei regem Nachrichtenkonsum aufnehmen. Dieses geschieht größtenteils unterbewusst, und gerade deshalb ist es meines Erachtens so verheerend. Es verändert unsere Gefühlslage und Wahrnehmung. Ich hatte mir vor fünf Jahren auch das Radiohören abgewöhnt. Stattdessen hörte ich im Auto Bücher. Dank des unerschöpflichen Angebotes an Hörbüchern und Podcasts ist es möglich, wertvolle Informationen oder Gedanken aufzunehmen. Auf das Thema Bücher werden wir noch vertieft eingehen. Sie stellen eine Grundlage des persönlichen Wachstums dar. Sie sind ein Quell der Inspiration.

Doch zurück zum Radio. Es kommt schon einmal vor, dass in meinem Auto das Radio angestellt ist. Vor allem wenn meine Frau zuletzt den Wagen nutzte. Sie hört gerne Musik. Eines Morgens auf dem Weg ins Büro habe ich die Wirkung von Nachrichten völlig neu spüren gelernt. Das stellte sich ein, nachdem ich bereits mehrere Monate meinen Nachrichtenkonsum massiv zurückgefahren hatte. Ich startete den Wagen vor der Haustür. Das Radio war vom Vortag noch angestellt. Direkt liefen die Nachrichten an. Die erste Meldung berichtete von einem häuslichen Gewaltdelikt, bei dem ein Kind aus Niedersachsen zu Tode gekommen war. Ich spürte, wie sich meine Kehle zusammenzog und in mir ein Gefühl des Zornes aufstieg. Ich hing förmlich an den Lippen des Nachrichtensprechers. Als ich mir meines Gefühls bewusst geworden war, schaltete ich das Radio aus und musste ein wenig über mich schmunzeln. Gleichzeitig wurde mir aber deutlich, wie sensibel ich plötzlich auf eine solche Nachricht reagierte oder wie abgestumpft ich doch noch vor einiger Zeit gewesen war. Wer jetzt die Befürchtung hat, ohne aktive Verfolgung der Nachrichten Wichtiges zu verpassen, der sei beruhigt. Die wirklich wichtigen Informationen dringen zu uns durch und dann können wir gezielt weitere Hintergrundinformationen sammeln. So habe ich es z.B. beim Ausbruch der Corona-Pandemie erlebt.

Wann immer wir es schaffen, leere Handlungsmuster oder sogar schlechte Angewohnheiten zu identifizieren, stellt sich die Frage, wie die hiermit verbundene Zeit zukünftig genutzt werden will. Ein kleines Zahlenbeispiel: Nehme ich mir beispielsweise vor, meine tägliche Facebook- oder WhatsApp Nutzung um 30 Minuten zu reduzieren, gewinne ich siebeneinhalb Tage im Jahr für neue Aktivitäten. 183 Stunden frei verfügbare Zeit stehen plötzlich zur Verfügung, um eine neue Fertigkeit zu erlernen, ein neues Hobby auszuprobieren, sich ehrenamtlich zu engagieren oder zehn zusätzliche Bücher zu lesen.

▽ II. Das Sabbatical

Es gibt viele Bücher und Internetseiten zum Thema Sabbatical, die vor allem die organisatorischen Aspekte behandeln. Auch ich habe mich mit diesen auseinandergesetzt und festgestellt, dass die Beschäftigung mit den technischen Dingen einen auch schnell von diesem Lebensprojekt wegziehen können, da die Hürden so groß erscheinen. Trotzdem ist es natürlich sinnvoll, sich die notwendigen Informationen vorab einzuholen und bei seiner individuellen Planung zu berücksichtigen. Die Betonung liegt hierbei auf individuell, denn kein Sabbatical gleicht dem anderen. Es wäre sinnlos, das Sabbatical eines anderen Menschen kopieren zu wollen. Diese Gefahr sehe ich, wenn man zu sehr durch ein Buch oder eine Webseite gelenkt wird. Ich werde in diesem Kapitel viel mehr die menschlichen Aspekte beleuchten. Zum einen die Situation vor dem Sabbatical und dann die Durchführungsphase. Bewusst schildere ich im Folgenden meine Erfahrungen während dieser Auszeit sehr ausführlich und persönlich. Ich hoffe damit die Zusammenhänge vermitteln zu können, die bei mir einen so positiven und lebensverändernden Effekt hatten. Dabei handelt es sich auf den ersten Blick um sehr unspektakuläre Erlebnisse. Auch das ist eine wichtige Erkenntnis, die ich hier vorwegstellen möchte. In einer Gesellschaft, die durch Superlative geprägt ist, droht das Einfache und Natürliche als minderwertig angesehen zu werden. Das Internet ist voll von Extremen. Die Algorithmen geben dem Durchschnittlichen keinen Platz. Egal für welches Thema ich mich z.B. auf YouTube interessiere, ich sehe Extreme. Außergewöhnliche menschliche Leistungen in sportlichen, ästhetischen und beruflichen Aspekten überhäufen uns hier und erzeugen womöglich das Gefühl der Minderwertigkeit in uns. Hier schlägt die Stunde der „Selbstoptimierer" mit ihren Heilsversprechungen nach mehr Erfolg und mehr Attraktivität. „Werde ein anderer Mensch", klingt dabei an.

Es geht aber darum, DER Mensch zu werden, der in uns angelegt ist. Die Töne sind leiser und man muss schon genau hinhören und lauschen.

Akzeptanz für das Vorhaben Sabbatical herstellen

Auch wenn ein Sabbatical eine grundsätzlich individuelle Entscheidung ist, empfehle ich dringend, sich um Akzeptanz in seinem Umfeld zu bemühen. Wir sollten nicht unterschätzen, welche Ängste oder negativen Gefühle bei Angehörigen, insbesondere aber bei seinem Partner aufkommen können. Einfacher ist es natürlich immer dann, wenn die Partner gemeinsam den Wunsch nach einer Veränderung verspüren. Ich kenne Paare, die gemeinsam eine Auszeit gemacht haben, teilweise sogar mit schulpflichtigen Kindern. Da es hier aber um eine individuelle Standortbestimmung geht, ist meistens nur bei einem Partner der Wunsch nach einer Auszeit da. Dann ist es sehr wichtig, die richtige Balance zwischen Freiheit und Verantwortung zu finden. Warum geht mein Partner diesen Schritt? Ist er unzufrieden mit seiner Lebenssituation? Diese Fragen sollten ausführlich erläutert werden. Da ist aber auch der Aspekt einer möglichen, gefühlten Ungerechtigkeit - Während ich weiterarbeiten muss, macht mein Mann eine Auszeit! - So etwas spürte ich anfangs auch bei meiner Frau. Es hat ja schon auf den ersten

Blick wirklich etwas Egoistisches, einfach so eine Auszeit zu nehmen. In unserer leistungsorientierten Gesellschaft ist es ja auch noch eine Randerscheinung, insbesondere als Mann, ein Sabbatical zu machen.

Daher ist es so wichtig, die eigenen Motive auch in den Einklang mit seiner familiären Verpflichtung zu bringen. In meinem Fall war dieses gut zu verbinden, denn ich wollte einen großen Teil der freien Zeit mit meinem Sohn verbringen, der in diesem Jahr eingeschult werden würde. So gab es ja auch eine Entlastung für meine berufstätige Frau. Nach einer Weile spürte ich zunächst eine Akzeptanz bei ihr, die sich später sogar in eine aktive Unterstützung entwickelte.

Die größere Hürde ist es aber sicher, seinen Arbeitgeber von einem solchen Projekt zu überzeugen. In großen Konzernen gibt es ja durchaus schon feste Konzepte für die Durchführung eines Sabbaticals und auch bei Lehrern und anderen Beamten scheint dieses wesentlich unkomplizierter zu sein als für den klassischen Angestellten, der in einem kleinen oder mittelgroßen Familienunternehmen arbeitet so wie ich. Hier gilt es, erheblich mehr Rücksicht zu nehmen.

Die Überlegung ist grundsätzlich ganz einfach: „Wie überzeuge ich meinen Chef von einem solchen Projekt?" Antwort: „Wenn ich dafür Sorge trage, dass alle Dinge während meiner Abwesenheit weiterlaufen und ich möglichst niemanden in der Organisation (insbesondere nicht meinem Chef) hierdurch Mehrarbeit verschaffe, die diese Person nicht möchte."

Vor der Antragstellung sollte ich also eine konkrete Lösung für meine Abwesenheit erarbeitet haben, die ich bereits im ersten Gespräch einbringen kann.

Mir wurde schnell klar, dass in der damals gegebenen Situation unter den bestehenden Umständen mein Sabbatical drei Monate nicht überschreiten sollte. Zeitlich konnte ich dieses idealerweise sogar in den Sommer legen, da hier die Vermarktungsaktivitäten am geringsten sind. Ich würde im Frühjahr alle Dinge vorarbeiten, so gäbe es keine strategischen Aufgaben während meiner Abwesenheit. Hinsichtlich meiner Aufgaben als Disziplinarvorgesetzter sah die Sache schon anders aus. Hier brauchte ich eine Vertretung, oder vielleicht auch Vertretungen. Auch in diesem Feld konnte ich natürlich viele Aufgaben vorwegnehmen und ein sauber bestelltes Feld hinterlassen. Aber für das Tagesgeschäft brauchte ich Ersatz. Die Idee, dieses auf mehrere Schultern zu verteilen, kam bei meinem Chef sehr gut an, wie auch die gesamte Präsentation meines Vorhabens. An keiner Stelle war auch nur ein kleiner Hinweis der Ablehnung, stattdessen spürte ich sogar Unterstützung für dieses Vorhaben. Nun hatte und habe ich – das muss ich schon dazu sagen - großes Glück, einen jungen und visionären Chef zu haben, der als Vorstandsvorsitzender die Geschicke des eigenen Familienunternehmens leitet. Er verbindet eine hohe Leistungs- mit einer großen Mitarbeiterorientierung. Ich bin mir sicher, dass ohne die Präsentation einer konkreten und gut durchführbaren Lösung, dieses Gespräch komplett anders verlaufen wäre.

Nun stand es also fest, von Mai bis August 2016 würde ich drei Monate Zeit für mich und meine Familie haben. Alleine die Vorfreude hierauf hatte mir neue Energie verschafft. Die Reaktion im beruflichen Umfeld war für mich allerdings überraschend. Ich spürte schnell, dass viele Geschäftspartner sich sofort nach meiner Gesundheit erkundigten. Da dämmerte es mir: die denken ich hätte ein Burnout und die Notbremse wurde gezogen. Das sagt doch viel über unsere Gesellschaft aus. Arbeiten und Leben auf Verschleiß wird als die Norm empfunden. In vielen Gesprächen erklärte ich meinem Umfeld meinen inneren Antrieb: „Ich möchte Zeit für mich und meine Familie gewinnen und dann werde ich noch alleine reisen, um mich selbst besser kennen zu lernen und hoffentlich auch interessante Menschen zu treffen."

Auch hier ließen die Reaktionen aus dem Umfeld nicht lange auf sich warten. Während der erste Teil absolut akzeptiert und befürwortet wurde, konnten viele den zweiten Teil nicht nachvollziehen. „Wieso denn alleine?", „Mit einem Freund würde das doch viel mehr Spaß machen!", „Warum denn nicht mit der Familie?"

Als ich dann noch mitteilte, dass ich vorhatte, in Lettland und Estland nur mit dem Fahrrad in ursprünglichen Wäldern oder an einsamen Stränden unterwegs zu sein und dort im Zelt schlafen zu wollen, kamen die ersten mahnenden Stimmen: „Ist das nicht gefährlich, so ganz alleine?"

Dieses Muster ist mir später übrigens immer wieder begegnet. Insbesondere das unmittelbare Umfeld äußert sich bedenklich und warnend, wenn wir von ungewöhnlichen Vorhaben oder persönlichen Veränderungen berichten. Sicherlich ist das auch ein kulturelles Phänomen insbesondere der Deutschen. Wir brauchen ja nur einmal unsere Märchenwelt genauer zu betrachten. Märchen sind Jahrhunderte alte Texte, die zunächst nur mündlich überliefert wurden. Sie prägten über einen langen Zeitraum die Wahrnehmung unserer Vorfahren. Neben den biblischen Texten waren es Sagen und Märchen, die unseren Vorfahren als Werteorientierung sowie Reflexionsfläche für die wahrgenommene Umwelt dienen konnten. Betrachtet man den immer wiederkehrenden Inhalt der deutschen Märchenwelt, die sich später in den Werken der Gebrüder Grimm, eines Johann Wilhelm Wolf oder bei Ludwig Bechstein in schriftlicher Form verewigt finden, fällt auf, dass die Umwelt in der Regel eine Bedrohung ist. Wald, Gebirge und das Meer sind Gefahren, in denen der Protagonist zu verenden droht. Nur die Einordnung in das soziale Gefüge, Gottesfurcht und Sittlichkeit führen zur Errettung.

Im Gegensatz dazu stehen übrigens die Märchen der arabischen Welt wie Sindbad der Seefahrer, Ali Baba oder Aladin. Hier ist der Protagonist oft ein junger Mann, der sein Elternhaus verlässt, um Abenteuer zu bestehen.

Dabei erhält er Unterstützung, solange er gottesfürchtig und rein im Herzen ist. Durchaus ist es ihm aber von Nutzen, Tricks und Fantasie zu verwenden, um Gefahren zu überwinden und nach Belohnung und Wohlstand zu streben. Der Charakter wächst in der Regel mit seinen Aufgaben und er kehrt als wohlhabender, geschätzter und gereifter Mann in seine Heimat zurück. Wir sehen noch heute den Einfluss dieser Jahrhunderte währenden Prägung in den aktuellen Kulturen. Vor diesem kulturellen Kontext betrachtet, wollten mir meine Angehörigen und Freunde also lediglich helfen, mich auf Gefahren aufmerksam machen, mich schützen. Es ist jedoch nicht zu unterschätzen, wie schnell man durch solche Einflussnahme von seinen Zielen abgebracht werden kann. Die Flucht ins Konformistische ist ein tief verwurzelter Reflex, der in unsere Psyche eingebrannt zu sein scheint. Dieses zu erkennen, ist eine entscheidende Voraussetzung für einen gelingenden Individuationsprozess. Denn Individuation heißt nun einmal, seinen eigenen Weg zu finden und diesen unerschrocken zu gehen, ganz gleich was andere Menschen hiervon halten. Wir werden uns noch ausführlich mit dem Konzept der Individuation beschäftigen. Als ich mein Sabbatical startete, war mir dieser Begriff noch fremd.

Auf einmal bin ich frei

Dann war er da, mein letzter Arbeitstag! Ich hatte in den Wochen zuvor auf Hochtouren gearbeitet, um das bestellte Feld zu hinterlassen. Das war mir gelungen und so trat ich mein Abenteuer Sabbatical gelassen und mit einem guten Gewissen an. In den ersten zwei Wochen fühlte sich alles aber nur wie Urlaub an. Das ist ja auch kein Wunder. Diesen Modus kennen wir. Bewusst hatte ich mir meine Reise erst in die zweite Hälfte des Sabbaticals gelegt. Das war auch notwendig, da mein Sohn noch den Kindergarten besuchte und meine Frau arbeitete. So hatte ich den Vormittag über viel Zeit für mich und nutzte diese Freiräume zum Lesen und Sport machen. Der Nachmittag und Abend war dann für die Familie da. Ich entdeckte meine Leidenschaft fürs Kochen wieder. Auch vorher war es unsere Gewohnheit, abends immer frisch zu kochen. Dabei wechselten sich meine Frau und ich ohne einen festen Plan ab. Doch mit all der Ruhe und Zeit hatte das Vor- und Zubereiten der Speisen eine ganz andere Qualität. Es bereitete mir wieder Lust und Spaß und eine alte Kreativität kam zurück. In der dritten oder vierten Woche spürte ich dann eine Veränderung. Mir wurde bewusst, dass diese Situation tatsächlich und wirklich noch eine sehr lange Zeit so Bestand haben würde. Das löste richtige Glücksgefühle aus. Ich fühlte mich frei und voller Tatendrang. In Vorbereitung auf meine Baltikumreise machte ich eine Tour mit dem Mountainbike entlang des Hermannsweges, der sich 156 km über die Höhenzüge des Teutoburger Waldes erstreckt. Da ich meine Campingausrüstung testen wollte, waren meine Fahrradtaschen mit über 20 kg beladen, auch Zelt und Gaskocher hatte ich an Bord. Ich fuhr in der ersten Etappe 90 km und da ich fast jeden Anstieg mitnahm, den der Teutoburger Wald mir anbot, kam ich auf 1600 Höhenmeter, als ich mein Tagesziel, die Externsteine, bei Horn erreichte.

Auf dem Hinweg hatte ich eine gute Campingmöglichkeit entdeckt, die jedoch wieder 15 km zurück lag. Die vielen Anstiege mit Gepäck hatten meine Durchschnittsgeschwindigkeit stark vermindert und bald sollte sich auch zeigen, dass meine Akkus leer waren. Fürs Erste aber war ich fasziniert von den Externsteinen, deren geologische Besonderheiten wohl niemanden kalt lassen. Ich spürte aber auch etwas sehr Mystisches an diesem Ort. Jahrhunderte lang hatten die Externsteine eine kultische Bedeutung, die bis zum frühen Hochmittelalter zurück belegt ist. Eine kultische Nutzung in ur- oder frühgeschichtlicher Zeit ist nicht auszuschließen.

Dann trat ich den Weg zurück zum Waldstück mit kleiner Lichtung an, wo ich zu übernachten beabsichtigte. Doch diese weiteren 15 km wurden zu einer echten Herausforderung. Nach der langen Pause waren die Muskeln zu und schließlich fing es noch zu regnen an. Damit hatte ich nicht gerechnet. Nass und ziemlich erschöpft gelangte ich schon im Dunkeln zu meinem Biwakplatz. Schnell war mein kleines Einmannzelt aufgestellt. Raus aus den nassen Klamotten und rein in den Schlafsack. Ich wollte mir eine warme Mahlzeit machen, die hatte ich mir doch nach all den Strapazen verdient. Es ging nur nicht. Ich ging nicht mehr! Ich hatte keine Kraft mehr, mir war schwindelig und übel. Ich trank etwas Wasser und aß einen Energieriegel. Dann zog ich mir alle verfügbaren, trockenen Klamotten an und zitterte mich im Schlafsack warm, bis ich in einen unruhigen Schlaf fiel.

Am nächsten Morgen, nach dem ersten Kaffee, kamen die Lebensgeister wieder zurück. Nun erst sah ich mein Camp bei Tageslicht und ich stellte fest, dass es ein gutes Camp war. Hemingways Charakter Nick Adams kam mir in den Sinn. Ich aß von meinen Vorräten und spürte eine tiefe Zufriedenheit. Alles war so minimalistisch und doch völlig ausreichend. Mit wenigen Handgriffen war meine Ausrüstung wieder auf dem Rad verstaut und das einzige, was ich zurückließ, war der kleine Abdruck meines Zeltes auf dem Grasboden. Ein Gedanke, der sich sehr gut anfühlt. An diesem Tag fuhr ich wieder zurück nach Hause, wobei ich jetzt eine Strecke ohne große Höhenunterschiede wählte.

Warum ich das so ausführlich erzähle? Die Erlebnisse dieser zwei Tage haben mich deutlich geprägt. Dieser Kurztrip in die Natur vor der eigenen Haustür hatte mir völlig neue Aspekte des Erlebens und Lebens aufgezeigt. Später wiederholte ich solche Ausflüge alleine oder auch mit meinem Sohn und immer war und ist die Wirkung eine sehr positive. In dieser reduzierten Umwelt wird bewusst, was wirklich zählt. Ein guter Schlafplatz und ein warmes Essen sind auf einmal die zentralen Inhalte. Dazu ist es notwendig, in Verbindung mit der Natur zu treten. Die Beobachtungen werden genauer, der Blick und das Gefühl für das Terrain schärfen sich. Diese Fähigkeiten sind zwar tief in uns angelegt, aber infolge des hohen Zivilisationsstandards rufen wir sie selten oder auch gar nicht ab.

Lernen wir aber, diese Fähigkeiten wieder anzuwenden und zu trainieren, stellt sich ein Gefühl tiefer Zufriedenheit ein.

In den folgenden Wochen verbrachte ich viel Zeit mit meinem Sohn. Seit einigen Monaten hatte er ein 16 Zoll Mountainbike und oft düsten wir zwei durch den Wald und über die ersten Hindernisse. Mitte Juni 2016 fuhren wir erstmals zusammen mit Zelt und Ausrüstung in den Teutoburger Wald und erklommen eine schöne Anhöhe. Dort schlugen wir unser Camp auf und erlebten gemeinsam das Abenteuer Wald bei Nacht. Nirgends schmecken Nudeln so gut wie vom Gaskocher im Biwak. Mein Sohn schlief selig ein, während ich zwischen Glücksgefühlen und väterlichem Beschützerinstinkten hin und herschwankend die Nacht so ziemlich durchwachte und nur phasenweise schlief. Die Geräusche des nächtlichen Waldes sind intensiv und für den überzivilisierten Menschen fremd. Wer das erste Mal die furchterregenden Belllaute von Rehwild vernimmt, sitzt senkrecht im Zelt. Der vehemente, gepresste Laut gleicht dem Schreien eines Menschen im Angesicht des Todes. Sucht man bei YouTube nach Hörproben, stehen in den Kommentaren genau solche Erfahrungen. Mit diesem Ruf warnt das Rehwild allerdings lediglich seine Artgenossen. Aber auch die kleinen Geräusche, wie das Rascheln in unmittelbarer Nähe zur Zeltwand, aktivieren Gehirn und Sinne und steuern den Fokus auf die Wahrnehmung der Umgebung. Hier kommen uralte Gefühls- und Verhaltensmuster hoch, die ganz offenbar tief in unseren ältesten Gehirnarealen abgespeichert sind. Auch eine solche Erfahrung zu spüren, war für mich bereichernd und prägend. Noch wusste ich aber nicht, was mein Reptiliengehirn alles an Phantasien bereithält. Das sollte ich erst in einer einsamen Nacht in Lettland erfahren...

Unterwegs im Baltikum

Dann hieß es „Leinen los". Am 25. Juni 2016 legte meine Fähre in Travemünde mit Ziel Ventspils in Lettland ab. Bis heute kann ich mich nicht erinnern, wie und wann in mir die Idee zu einer Baltikumreise entstanden war. Irgendwann war sie da und hatte sich manifestiert. Aber es blieb bei einer groben Planung, ich hielt mir alle Optionen offen, lediglich die Fähre hin und zurück hatte ich vor ein paar Wochen gebucht. Dazu war meine erste Unterkunft fixiert und ich hatte mir die App von AirBnB aufs Smartphone geladen. Es gab eine grobe Idee: In den Städten möchte ich bei Locals mitwohnen und in der Natur will ich auf eigene Faust und alleine bestehen. Dazu habe ich mein Mountainbike mit Radtaschen sowie Zelt, Kocher und Rucksack im Rückraum meines Autos dabei.

Nach der 25 Stunden Fährfahrt über die Ostsee erreichte ich die Hafenstadt Ventspils, das ehemalige Windau, gelegen an der Nordwestküste Lettlands. Ich rollte von der Fähre und fuhr durch eine vertraute Landschaft Richtung Osten. Lettland erschien mir wie meine Heimat Schleswig-Holstein, jedoch ursprünglicher, nicht so zersiedelt. Ich erahnte die großen, zusammenhängenden Naturräume aus Wald und Flusslandschaften. Ich sah einen Schwarzstorch. Noch nie hatte ich dieses seltene Tier in meinem Leben vor Augen bekommen. Nach knapp zwei Stunden Fahrt erreichte ich meine Pension, die ich für zwei Nächte gebucht hatte. Sie sollte Ausgangspunkt der weiteren Reise werden.

Angekommen in der Unterkunft überfielen mich plötzlich dunkle Gedanken: Was mache ich hier eigentlich? Was ist das für eine bekloppte Idee, mit 43 Jahren alleine auf Reisen zu gehen, wenn du doch eine liebe Familie zuhause hast? Ein Gewitter zog auf, es fing an zu regnen. Ich saß auf dem Bett eines viel zu kleinen Zimmers, in der die stickige Luft mir den letzten mutigen Gedanken zu rauben drohte. Doch der Regen hatte etwas Gutes, die Luft kühlte sich ab und durch das offene Fenster drang ein Hauch von Frische und Belebung. Ich fuhr später mit dem Auto los und fand ein kleines Restaurant, in dem ich alleine zu Abend aß. Es gibt doch nichts Einsameres, als alleine in einem Restaurant zu essen. Schlagartig wurde mir klar, dass dieses mein Schicksal der nächsten Wochen sein würde, wenn ich nicht aus meiner Komfortzone käme. Ich war dankbar für einige wenige persönliche Sätze, die ich an diesem Abend mit der Bedienung wechseln konnte. Später erst wurde mir deutlich, wie lehrreich die Erfahrung für mich war, einmal komplett bei null anfangen zu müssen. Auf dieser Reise kannte ich keinen einzigen Menschen. Jeden neuen Kontakt musste ich mir erarbeiten. Ich war angewiesen auf die Zuverlässigkeit anderer Menschen, insbesondere was meine zukünftigen Herbergen betraf.

Noch am Abend begann ich über AirBnB nach einer Bleibe für Riga zu suchen. Am nächsten Morgen war es windig und bewölkt. Ich nahm mein Fahrrad und machte eine ausgiebige Tour entlang der kurländischen Ostseeküste bis zur Mündung des Lielupe. Ich fuhr durch wunderschöne Pinienwälder und weite Strecken radelte ich direkt auf dem festen Strand an der Brandungszone entlang. Es ging vorbei an verfallenen Villen, die von der Zeit erzählten, als Jurmala bereits im 19. Jahrhundert ein bedeutendes See- und Kurbad war. Mit jedem Kilometer stieg meine Stimmung. Ich war unterwegs, ich war in Bewegung. Darum scheint es im Leben zu gehen, ahnte ich. Jurmala mit seinen 15 Teilorten erstreckt sich über knapp 40 Kilometer. Dann erreichte ich langsam den heutigen Kern des Badeortes. Mondäne Hotels und prunkvolle Villen prägen das Stadtbild. Die russische Oligarchie hat hier seine Sommerresidenzen. Am späten Nachmittag war ich zurück in meiner Pension und sah, dass ich eine Unterkunft in Riga für die nächsten zwei Tage sicher hatte. Gut gelaunt ging ich am Abend essen, wieder alleine, aber deutlich zuversichtlicher.

Meine Gastgeberin in Riga hieß Elina. Ihre Wohnung lag unweit der City in einem sich östlich anschließenden Bezirk. Elina entpuppte sich als eine wunderbare Gastgeberin. Gleich riet sie mir, mein Auto komplett auszuräumen. Mit Blick auf das Baujahr meines Audi A4 machte sie sich keine Sorgen, das dieser gestohlen wird. Anscheinend ist man hier wählerisch. Aber Elina bestand darauf, dass ich sämtlichen Inhalt aus dem Wagen räumte. So stand mein Mountainbike wenige Minuten später in Elinas

Wohnzimmer, auf dessen Couchtisch diverse Kräuter zum Trocknen ausgelegt waren. Willkommen in Lettland. Noch mehrfach sollte ich diese erfrischende Verbindung von Moderne und Tradition in diesen prächtigen Menschen kennenlernen. Schnell hatten Elina und ich gemeinsame Themen und ein spannender Abend nahm seinen Lauf. Ich lud Elina zum Essen ein mit der Bitte, mir ihr Lieblingsrestaurant zu zeigen. Auf diese Weise hatte ich auf meiner Reise noch mehrfach die ansonsten verschlossenen Türen geöffnet.

Elina ist Ende zwanzig und hatte ihre Karriere als Journalistin für die lettische Ausgabe der Cosmopolitan gestartet. Nun steckte sie mitten in einem MBA Studium und arbeitete nebenbei für eine Beratungsgesellschaft. Wir tauschten uns über Literatur aus. Sie kennt Houellebecq. Sein Roman Unterwerfung führte uns unweigerlich zum Thema Umgang mit Flüchtlingen. Sie stellte mir plötzlich die Frage: „Sven, why do you Germans let all those people into your country?"

Wir redeten über die Idee und die Realität Europas. Aus der Sicht einer Lettin ändert sich die Perspektive komplett. Ein zahlenmäßig kleines Volk, welches nach einer Jahrhunderte währenden Fremdherrschaft, 1919/20 blutig seine Unabhängigkeit gewinnen konnte, um diese nach wenigen Jahren wieder zu verlieren und kürzlich ein zweites Mal im Jahr 1990 mit der Singenden Revolution die Freiheit erstritten hatte, fühlt völlig anders. Mit vollem Ernst erklärte mir diese junge, weltoffene und hübsche Lettin: „Sollte Russland uns ein weiteres Mal überfallen, werde ich zur Waffe greifen. Es wäre an uns jungen Letten, die Freiheit dieses Landes zu verteidigen."

Später auf meiner Reise in Tartu, Estland sprach ich mit dem Journalisten Sander S., der Mitglied der Estonian Defense League ist. Diese paramilitärische Organisation ist verfassungsrechtlich legitimiert und soll die Verteidigungsfähigkeit Estlands erhöhen. Mitten in der Stadt hatte die Miliz Schützenpanzer und leichte Waffen ausgestellt - ein Tag der offenen Tür. Was mir auffiel, war die positive Akzeptanz der Bevölkerung angesichts dieses martialischen Auftritts in der Fußgängerzone.

Über 20.000 Esten sind in dieser Organisation tätig. Das reguläre Heer zählt gerade einmal 3.100 Mann. Angesichts der zahlenmäßigen Übermacht Russlands ist jedoch klar, dass die baltischen Staaten trotz dieser aufopfernden Haltung eines Teils ihrer Bevölkerung auf europäische und amerikanische Unterstützung angewiesen sind.

Mit Elina tauschte ich mich an diesem Abend noch über manche Themen aus. Zuhause sprach ich sie auf die vielen Kräuter an. Sie erzählte, dass sie am Wochenende mit der Bahn hinaus in die Wälder und Wiesen fährt und dort allerlei Kräuter, Beeren, Pilze und sonstige Gaben der Natur sammelt. Tief verwurzelt ist der Naturbezug in diesem Volk; das ist zu spüren. Elina erzählte mir vom Mittsommerfest, das stets in der Nacht zum 24. Juni gefeiert wird. Seit die Letten vor über 800 Jahren christianisiert wurden, trägt das einst heidnische Fest den Namen Jani. An ihren alten Riten hielten die Letten fest. Auch das mag Ausdruck der Unbeugsamkeit dieses Volkes sein. Es hat aber auch etwas Erdverbundenes, wenn die Letten in dieser Nacht den magischen Farn suchen und kunstvolle Kränze aus Blättern und Blumen binden. Riesige Feuer brennen die ganze Nacht. Alles dient dem Schutze vor dem Bösen und der Herstellung eines Einklanges mit den guten Kräften. Ich spürte sofort, dass dieses Fest nicht vergleichbar mit unseren Osterfeuern ist, die lange zu kommerziellen Events verkommen sind. Die Letten leben tatsächlich noch voll in ihren Traditionen und das gibt ihnen eine unbeschreibliche Energie und Ausstrahlung. Sie haben noch Symbole, die uns abhandengekommen sind.

Auf dem Fluss

Aufgrund der Wettervorhersage änderte ich meine Pläne und reiste bereits am nächsten Morgen weiter in den Gauja Nationalpark. Dort verbrachte ich die Nacht am Fluss Gauja, nachdem ich mit dem Mountainbike tagsüber die Region erkundet hatte. Die Gauja hat sich hier über Millionen von Jahren tief in den Sandstein eingegraben und so ist eine wunderbare Landschaft entstanden. Durch den Höhenunterschied von über 100 Metern gibt es an den Hängen sogar Skilifte und die bekannte Bobbahn von Sigulda, auf der Weltcuprennen ausgetragen werden. Am nächsten Tag machte ich die Bekanntschaft mit Maija, die im heimischen Elternhaus einen Bereich umgebaut hatte und seit einigen Jahren über AirBnB vermietete. Beim gemeinsamen Abendessen schlug sie mir vor, eine

Kajaktour auf dem Fluss Brasla zu unternehmen, der in die Gauja mündet. Es wäre eine Zweitagestour, ich könne problemlos im Nationalpark campen. Das sei erlaubt. Ich konnte mein Glück kaum greifen, denn hier öffnete sich die Möglichkeit zu einem kleinen Abenteuer, welches ich alleine niemals hätte organisieren können. Ein Telefonat später stand der Plan. Ein Freund von ihr holte mich am nächsten Morgen an einem vereinbarten Treffpunkt ab, auf dem Dach des Wagens ein Kajak. Wir fuhren eine gute Stunde durch ländliche Gebiete und dann waren wir da. Die Brasla ist an dieser Stelle ein schmaler kleiner Fluss. Der Freund überließ mir das Kajak, bezahlen sollte ich ihn später. „Hier ist meine Telefonnummer. Wenn du morgen das Schloss Turaida siehst, ruf mich an. Hinter dem Schloss geht es rechts raus, direkt vor der Brücke."

Fünf Minuten später war ich alleine und sollte dieses auch bis zum späten Abend bleiben. Ich ordnete meine Dinge. Maija hatte mir wasserdichte Säcke mitgegeben. Dann ging es los. Ich sollte erwähnen, dass ich bisher nur sehr wenig Erfahrung mit einem Kajak hatte. Schon nach der ersten Biegung bekam ich eine Ahnung, welcher Natur dieser Fluss ist. Ein umgestürzter Baum lag quer über dem Flussbett. Die Strömung trieb mich schnell Richtung Hindernis und es blieb kaum Zeit zum Überlegen. Mit gezielten Schlägen steuerte ich die vermeintlich beste Stelle an, an der mir der Unterschlupf am größten schien. Doch schnell sah ich, dass Kopfeinziehen bei weitem nicht reichen würde. Ich versuchte im Boot abzutauchen, schon drückte mich die Strömung gegen das harte Hindernis und beinahe wäre ich gekentert. Irgendwie quetschte ich dann meinen Körper unter diesem Baum durch und der erste Test war bestanden. Hinter jeder Flussbiegung warteten neue Überraschungen in Form von Biberdämmen, Steinen, Stromschnellen, Bäumen unter und über Wasser sowie Untiefen. Die Brasla ist komplett naturbelassen und wild. Langsam lernte ich den Fluss zu lesen. Wo sind die Untiefen, wie verläuft die Strömung? Ich kam gut voran. Nach einer Stunde schreckte ich das erste Wild auf. Ein Hirsch trank am Fluss. Wieder vernahm ich den markdurchdringenden Warnruf dieser Spezies. Einmal gelang es mir, mich bis auf 20 Meter an eine Ricke herantreiben zu lassen. Sie hatte frühzeitig etwas gehört und ich sah deutlich, wie sie versuchte eine Witterung zu erhalten. Doch der Wind stand gut und so blickte mich das Tier scheu an und hörte auf zu trinken. Fast neugierig kamen mir die Blicke vor. Einmal sprang sie schon die Böschung hoch, blickte sich dann wieder um, kehrte zurück und beobachtete weiter, was da im Fluss auf sie zutrieb. Ich war schon fast auf ihrer Höhe, da witterte sie mich und preschte schnell die Böschung hoch in den sicheren Schutz des Dickichts. Es folgten spektakuläre Passagen über Biberdämme hinweg unter Bäumen durch und entlang von Steilhängen aus Sandstein, in denen unzählige Vogelhöhlen zu sehen waren. Irgendwann wurde ich Teil des Flusses und die Stunden vergingen unbemerkt. Am Himmel wuchsen mächtige Wolken und in der Ferne sah ich eine Cumulonimbuswolke, die immer höher ihren Amboss ausbildete. In weiter Entfernung hörte ich Donner und die Luft veränderte sich spürbar. Da das Wetter ganz offenbar aus Südwest kam, entschloss ich mich dazu, erst einmal zu pausieren. Ich fand eine Stelle zum Anlanden und machte am Ufer eine lange Pause, kochte mir einen Kaffee und schaute auf den Fluss und in den Himmel. Das Gewitter schien abzuziehen. Was für ein Glück.

Ich wollte am ersten Tag so viele Kilometer wie möglich schaffen, so paddelte ich weiter in den Abend hinein. Mit der Zeit wurde der Fluss breiter und ging in einen See über. Große Schwäne hatten hier ihr Revier und plötzlich fing es an zu regnen. Ich blickte in den Himmel, er war wolkenlos! Trotzdem fielen für wohl zehn Minuten dicke Regentropfen in den See und veränderten dessen Oberfläche auf bizarre Weise. Das Gewitter war ganz offensichtlich gerade hier durchgezogen und nun befand ich mich an dessen Rückseite.

Am Ende des Sees war ein kleiner Staudamm, dort musste ich das Boot einige hundert Meter über Land ziehen, um wieder in die Brasla einzusetzen. Die Sonne stand schon tief und ich fasste den Entschluss, ein Nachtquartier zu suchen. Genau in diesem Augenblick hörte ich menschliche Geräusche vor mir. Erstaunlich wie sensibel mein Gehör und meine Wahrnehmung während der letzten Stunden geworden waren. Erst hinter der übernächsten Biegung sah ich dann zwei Fliegenfischer, die sich den Fluss herunterbewegten. Nachdem ich die beiden passiert hatte, nahm ich mir vor, mindestens einen Kilometer Abstand zu schaffen, wollte ich doch meine Ruhe haben. Nach zwanzig Minuten sah ich dann am rechten Ufer eine flache Stelle ohne Vegetation und landete dort an. Ich hatte schon einen Platz für mein Zelt ausgeguckt, da fielen mir Trittspuren von Tieren auf. Eindeutig waren die Trittsiegel von Rehwild zu erkennen, aber auch andere Spuren, die ich einem Marder oder Fuchs zuordnete. Also kein guter Platz.

So ging es weiter den Fluss abwärts. Es dämmerte schon, da tauchte vor mir eine Insel mitten im Strom auf, die nur von Gras und etwas Gestrüpp bewachsen war. Ich konnte gut anlanden und sah auch gleich eine geeignete Stelle für das Zelt. Die Insel war wohl gerade einmal zwölf Meter lang und vier Meter breit und doch kam sie mir vor, wie ein Geschenk des Himmels. Ich trat an der vermeintlich ebensten Stelle das Gras flach und errichtete mein Zelt. Jetzt bemerkte ich erst, wie nass meine Schuhe im Kajak geworden waren, da immer wieder Wasser vom Paddel ins Boot gelaufen war. Ich brauchte ein Feuer. Am linken Ufer waren mehrere umgestürzte Bäume, die auch teilweise bis in den Fluss lagen. Ich zog die Schuhe aus und watete durch den Fluss. Da die Insel in der Mitte des Stromes das Wasser dazu zwang, an beiden Seiten vorbeizufließen, war die Strömung recht ausgeprägt und ich hoffte, den Weg auch zurück, beladen mit Feuerholz, ohne wegzurutschen, zu meistern. Nach zwei Touren hatte ich genug Brennholz auf die Insel geschafft und schon bald danach knisterte ein wärmendes Feuer vor meinem Zelt und trocknete meine nassen Sachen. Ein tiefes Glücksgefühl ergriff mich, angesichts der gesicherten Grundbedürfnisse. In einer solchen Situation wird einem die Maslowsche Bedürfnispyramide[2] verständlich. Da war

---

2 sozialpsychologisches Modell des US-amerikanischen Psychologen Abraham Maslow über die natürliche Hierarchie menschlicher Bedürfnisse

aber auch noch ein zweiter Aspekt, der noch viel umfassender war. Das war das intensive Gefühl, Teil der Natur zu sein. Auf meinem Gaskocher bereitete ich mir ein kräftiges Abendessen und saß noch einige Augenblicke am Feuer, während die Dämmerung immer mehr die Flussniederung in einen kalten und nebeligen Schatten legte. Ich kroch in mein Zelt und rollte mich in den Schlafsack. Meine Wahrnehmung war komplett beim Fluss, er schien zu atmen. Sein Rauschen und Gurgeln nahm zu und dann wieder ab. Ich versuchte einen Rhythmus zu erkennen, aber sein Atem war für mich unberechenbar. Hier trat mir das scheinbare Chaos der Natur vor Augen, das doch durch irgendeine innere Kraft oder Absicht gelenkt zu sein scheint.

Ich war wohl kurz eingeschlafen, da rauschte eine Axt auf mich hinab und spaltete meinen Kopf. Ich saß senkrecht im Zelt, mein Herz raste, das Bild meines Totschlages noch immer präsent, hörte ich wie jemand durch den Fluss watete. Ganz deutlich vernahm ich das schmatzende Geräusch von Füßen, die sich gleichmäßig aus dem Wasser lösten und näherkamen. Ich hielt meinen Atem an und fokussierte mich komplett auf meinen Hörsinn. Da war das Geräusch wieder. Ich riss mich zusammen, mein Bewusstsein war jetzt wieder voll erwacht. Ich analysierte das Geräusch und erkannte das Auf und Ab der Stromschnelle an der schmalen, tiefen Seite der Insel. Jetzt öffnete ich das Zelt und streckte meinen Kopf hinaus. Es fröstelte mich. Ich sah keine zwei Meter weit, so nebelig war es geworden. Aber ich hörte die Stromschnelle atmen und mein eigener Atem beruhigte sich langsam. Es dauerte noch lange, bis mein Körper das Adrenalin wieder abgebaut hatte und ich in einen leichten Schlaf sank. Morgens wachte ich trotz allem erfrischt auf, der Nebel hatte sich aufgelöst. Aber alles war klamm und noch stand die Sonne so tief, dass das Flussbett im Schatten lag. Daher schmiss ich alles ins Kajak und nach einem Kaffee mit Müsliriegel ging es wieder auf den Fluss. Nach zwei Stunden schlug ich ein Camp am Flussufer auf und konnte meine Sachen über einem Zaun trocknen. Unbeschreiblich, wie diese Begebenheit meine Stimmung steigerte. Ich fühlte mich von der Natur reichlich beschenkt und mit etwas mehr Religiosität in mir, hätte ich wohl ein Dankgebet gesprochen oder dem Sonnengott geopfert. Ich schlummerte sogar auf meinem Schlafsack ein. Anschließend nahm ich ein Bad im Fluss und wusch meine Haare mit Naturseife. Wieder so ein Grundbedürfnis, dessen Wertigkeit wir auf unserer Zivilisationsstufe nicht mehr wahrnehmen. Nach dieser Pause paddelte ich den Rest der Tour in einer Hochstimmung zu Ende. Wie vereinbart, holte mich Maijas Freund an der bezeichneten Stelle ab. Es lagen 50 km Fluss, Wildnis und Einsamkeit hinter mir. Das Traumereignis der Nacht kann ich erst heute richtig einordnen. In dieser archaischen Schlafsituation kam aus meinem Unbewussten wohl eine Urangst des Menschen hoch, nämlich die, im Schlaf überfallen zu werden. Diese Angst muss sich im Laufe der menschlichen Evolution so tief in uns eingebrannt haben, dass wir alle offenbar noch über diese Grundangst verfügen. Aber wo und wie ist dieses Gefühl oder dieser Mechanismus verankert? Carl Gustav Jung hätte dieses Phänomen sicherlich dem kollektiven

Unbewusstsein zugeordnet, welches allen Menschen gemeinsam ist. Hier sind die archetypischen Grundmuster
verankert, die im Übrigen nach seiner Lehre auch ohne,
dass es uns bewusst werden muss, auf unsere Handlungen, Gefühle und Entscheidungen Einfluss nehmen.
Dazu komme ich später im Kapitel „Individuation". Nun
zurück nach Lettland.

Begegnungen

Am späten Nachmittag fuhr ich zurück nach Riga, da ich
das Viertelfinale der Fußball-Europameisterschaft sehen
wollte. Leider verpasste ich Elina, aber sie hatte mir den
Haustürschlüssel in ein Versteck gelegt. Welch ein Vertrauen mir hier entgegengebracht wurde. In der City von
Riga fand ich schnell eine Bar, in der die legendäre Partie
zwischen Deutschland und Italien übertragen wurde. Fußball verbindet, heißt es so schön, und so gesellte ich mich
an einen offenbar deutschen Tisch und verbrachte einen
verrückten Fußballabend in der lettischen Hauptstadt. An
diesem Tisch waren Frank, ein deutscher IT-Unterneh-
mer, der mittlerweile seine Geschäfte nach Riga verlegt
hatte, zusammen mit seinem Freund Paul und dessen
polnischer Frau Aneta sowie Heike und Wolfgang aus
Bonn, die einen Kongress besuchten. Wo warst du, als im
Elfmeterschießen Thomas Müller, Mesut Özil und Bastian
Schweinsteiger ihre Elfmeter verschossen und Deutschland trotzdem als Sieger vom Platz ging? Als Manuel Neuer
den neunten Elfer der Italiener pariert, liegen wir uns alle
freudetrunken in den Armen. Was für ein Tag! Der Kon-

trast zwischen völliger Isolation in der Wildnis und der unverhofften Begegnung mit gleichgesinnten Menschen ist von nun an das Grundthema meiner weiteren Reise. Über Otepää geht es weiter nach Tartu, wo ich Vahur kennenlerne. Vahur ist ehemaliger Leistungssportler und war in der estnischen Langlauf-Nationalmannschaft. Nun arbeitet er als Jugendtrainer und wir sind uns gleich sympathisch. Zusammen mit seiner Freundin Eike war er gerade in eine neue Wohnung gezogen und ich konnte in seinem alten Appartement übernachten. Wir gehen abends alle zusammen essen und ich lerne einiges über die estnische Kultur und das Verständnis dieses jungen und dynamischen Volkes. Weiter führte mich meine Reise auf die Inseln Muhu und Saaremaa. Dort war ich mit Fahrrad und Zelt unterwegs und verbrachte die Nächte an einsamen Ostseestränden. An einem Abend fand ich keinen geeigneten Platz, um mein Zelt aufzustellen. Ich hatte bereits über 100 km bei Gegenwind in den Beinen und der Küstenstreifen war zuerst komplett militärischer Sperrbezirk, dann schloss sich eine unüberwindliche Schilflandschaft an. Zwanzig Kilometer weiter endlich der Zugang zur Ostsee, aber hier war das Ufer steinig, nirgends ein Flecken Erde, um ein Zelt zu stellen. Doch dann wurde ich fündig. Die Landschaft veränderte sich und vereinzelt gab es eine dünne Vegetationsschicht. An einer Stelle sah ich eine Gruppe von Büschen und fand dahinter eine freie Fläche. Es war bereits weit nach Mitternacht, als ich das Zelt aufbaute. Es wurde schnell kalt, der Wind ging noch immer mit 5 Beaufort. Es war unmöglich, die Heringe im Boden zu verankern, da nach nur zwei Zentimetern Bodenschicht undurchdringbarer Stein folgte. Ich steckte die Heringe daher flach in den Boden und beschwerte sie mit Steinen, um möglichst etwas Spannung auf das Zelt zu bringen. Schnell noch Wasser kochen, doch das Feuerzeug streikte. Das Ersatzfeuerzeug war auch schon fast leer. Rächte sich nun meine an dieser Stelle schlechte Vorbereitung? Ich spürte ein großes Verlangen, etwas Warmes in meinen Körper zu bekommen. Mir wurde klar, dass ich ihm enorme Energie entzogen hatte. Ich war fast wieder so erschöpft wie damals im Teutoburger Wald. Doch im Windschutz des Zeltes gelang es mir, den Esbit-würfel zu entzünden. Ein Tee wärmte mich von innen und Müsliriegel füllten die Glykogenspeicher auf. Ich fand sogar noch die Energie für einen kleinen Erkundungsgang. Ich war in einer Halbbucht ganz im Südwesten der riesigen und in der Peripherie wilden und einsamen Ostseeinsel Saaremaa. Nahe am Ufer saßen auf großen Steinen, die aus der Ostsee ragten, mehrere Kormorane. Plötzlich kamen gut zwei Dutzend Möwen angeflogen und veranstalteten einen Höllenlärm. Es waren kleine, sehr schlanke Möwen, die mich mehrmals mit Scheinangriffen anflogen. Offenbar war ich in ihr Terrain eingedrungen. Zurück im Schlafsack kam das wohlige Gefühl auf, alles arrangiert zu haben und warm zu sein. In dieser ganzen Zeit spielten das Smartphone oder andere Ablenkungen wie Bücher keine Rolle. Weder teilte ich meine Erlebnisse noch verfolgte ich irgendetwas anderes medial. Ich war ganz im Hier und Jetzt. Ich kann jeden nur ermutigen, selber solche Situationen zu suchen und zu erleben, welche Veränderung in einem angestoßen werden. Heute weiß ich, dass auf dieser Reise meine Individuation ihren Anfang nahm. Zwar war mir der Begriff weder bekannt noch wusste ich von seinen Inhalten, aber in mir stiegen Gefühle, Fragen, Einstellungen und Motive auf, die mein Leben nachhaltig verändern sollten. Es waren vor allem die vielen Momente, die ich alleine in vollkommener Isolation in der Natur verbracht hatte, die diesen Reflexionsprozess in mir angestoßen haben, der bis heute anhält.

Weitere Stationen meiner Reise waren Tallinn und Albu. Dann kehrte ich nach Tartu zurück und übernahm wieder das Appartement von Vahur. Es fühlte sich wie ein nach Hause kommen an. Ich blieb einige Tage. Vahur war Mitorganisator eines internationalen Triathlonevents, welches er auch am Wochenende kommentierte. Er besorgte mir noch kurzfristig eine Startnummer für den begleitenden Cityrun. Die Esten sind absolut sportbegeistert und so lief ich zusammen mit über tausend Athleten durch die Altstadt von Tartu. Jeden Tag war ich unterwegs und traf viele weitere Menschen, von denen ich immer etwas lernen oder mitnehmen konnte. Auf der Rücktour durch Lettland besuchte ich noch einmal Maija und ihre Familie. Irgendwann saß ich dann auf der Fähre zurück nach Deutschland. Ich freute mich auf meine Familie und mir wurde klar, dass ich noch ganz viel freie Zeit haben würde.

Familie, Freunde und Flexibilität

Als ich zurückkehrte, waren noch Sommerferien, und da meine Frau keinen Urlaub mehr hatte, fuhr ich mit meinem Sohn nach Schleswig-Holstein, um meinen Vater zu besuchen, der nahe bei Kiel lebt. Eigentlich wollten wir nur ein verlängertes Wochenende bleiben, daraus wurden dann aber zehn Tage. In dieser Zeit erlebte ich das große Glück der freien Zeiteinteilung und was es heißt, flexibel Entscheidungen treffen zu können. Ende Juli des Jahres 2016 stellte sich in Norddeutschland eine stabile Sommerwetterlage ein und so nutzten wir ausgiebig die nahegelegenen Strände. Zusammen mit meinen Neffen weihte mein Sohn das Stand-Up-Board ein, welches ich gerade gekauft hatte. In Riga war ich erstmals auf diese Form des Wassersports aufmerksam geworden und wollte sie für mich erschließen. In diesem Sommer waren wir mit unserem Board noch Exoten am Ostseestrand und wurden regelmäßig auf das unbekannte Gefährt angesprochen. Aufgrund der vielen Zeit war es möglich, alte Schulfreunde und deren Familien zu besuchen, und auch meinen Cousin aus Norwegen sah ich nach langer Zeit einmal wieder. Er machte gerade mit Freundin und Tochter Urlaub in Deutschland. Jeden Abend brannte irgendwo ein Grill und wir saßen draußen zusammen, während die Kinder ewig weiterspielten. Es hatte etwas von mediterraner Lebensart. Wieder hatte ich einen Aspekt meiner Verortung eines Neuanfanges aufgegriffen. Ich verbrachte wertvolle Zeit mit Freunden und Familie. Insbesondere die Zeit mit meinem Vater ist mir hier in Erinnerung geblieben. Ich sehe noch heute, wie mein Sohn mit großen, stolzen Augen vor mir stand und eine Schüssel Johannisbeeren präsentierte, die er zusammen mit seinem Opa im Garten gepflückt hatte. Danach saßen beide freudestrahlend in der Küche und „striemelten" die Beeren, wie es bei uns in der Familie heißt. Mir wurde klar, dass in solchen Momenten das ganze Glück unseres Lebens liegt. In den Jahren zuvor hatte ich mir oft die Frage gestellt, wie ich mein Glück steigern könne. Da ich schon frühzeitig im Leben viele persönliche Erfolge im akademischen, sportlichen und privaten Bereich erleben durfte, neigte ich dazu, die Latte immer höher legen zu wollen. Auch beim Thema Reisen war das so. Während meiner Zeit als Marineoffizier und der dazugehörigen Ausbildung hatte ich bereits 24 Länder bereist. Höhepunkte waren ein Studienaufenthalt in Phönix, Arizona sowie eine Delegationsreise zu den Vereinten Nationen nach New York, aber auch ein viermonatiger Auslandseinsatz im Persischen Golf. Auch privat war ich schon immer gerne gereist, und wenn man erst einmal auf eigene Faust durch Namibia gefahren und ins Okavangodelta nach Botswana geflogen ist, stellt sich fast zwangsläufig die Frage nach den nächsten Zielen. Diese Falle hatte ich nun deutlich erkannt. Auch immer mehr Geld würde mich nicht glücklicher machen. Daher macht es auch keinen Sinn, seine Energie darauf zu richten, einen besser bezahlten Job zu ergattern. Glück und Zufriedenheit findet sich auch vor deiner Haustür, wenn du die Momente wirklich lebst und das Schöne oder vielleicht auch Göttliche im Augenblick entdeckst. Hier in meinem Elternhaus in Schleswig-Holstein, wo ich meine gesamte Kindheit verbracht hatte, fand ich einen neuen Zugang zum Glück. Ich hatte gelernt, dass es offenbar zwei Arten von Glück gibt. Das eine schreibt sich mit einem kleinen „g". Das ist das Glück, was wir zu steigern versuchen. Und dann gibt es noch das Glück mit einem großen „G". Dieses Glück ist Gegenwart.

Anfang August wurde mein Sohn eingeschult, wieder hatten wir die Zeit, mit der ganzen Familie zusammenzukommen und den Tag gemeinsam zu begehen. Mein Sabbatical neigte sich dem Ende entgegen und dann kam der erste Arbeitstag und mit diesem auch die volle Welle der beruflichen Aufgaben.

▽ III. Grundlagen gelungener Mitarbeiterführung

Ich war in den ersten Wochen voll Schaffenskraft und bemerkte, dass ich in manchen Aspekten einen etwas anderen Blick auf die Dinge entwickelt hatte. Ich hörte viel mehr zu und stellte bewusster Fragen. Auch fing ich an, Kollegen und Mitarbeiter viel intensiver in Entscheidungen einzubinden. Nicht dass ich bisher einen autokratischen Führungsstil gelebt hatte, aber ich war doch ziemlich tonangebend. Ich hatte in der Vergangenheit auch immer wieder das Gefühl gehabt, ich müsste Entscheidungen treffen und die Dinge vorantreiben. Meine Geduld hatte sich während der Auszeit ganz offenbar entwickelt, und wenn ich darüber im Nachgang reflektiere, erkenne ich einen Zusammenhang. Meine damalige Ungeduld empfand ich durchaus als eine Stärke, da sie vermeintlich dokumentierte, dass ich ein Macher sei. „Wer rastet, der rostet. Lieber eine schlechte Entscheidung als gar keine Entscheidung." Das waren tief in mir verankerte Leitgedanken und Handlungsorientierungen. Durch meine Auszeit hatte ich die Stärke entdeckt, die in der Geduld liegt, und machte mir diese Erfahrung nun zunutze.

Bei jedem Menschen wird ein Sabbatical unterschiedliche Entwicklungen anstoßen. Aus den Gesprächen mit Menschen, die ebenfalls eine Auszeit gemacht haben, weiß ich zu berichten, dass diese Zeit in der Regel einen positiven Entwicklungsprozess einleitet.

Eine meiner ersten herausfordernden Aufgaben nach dem Neueinstieg war es, ein neues Regionalteam zusammenzustellen. Dafür hatte ich nur wenig Zeit, da der Start der neuen Filiale bereits festlag. Indem ich der zukünftigen dortigen Führungskraft von Anfang an viel Vertrauensvorschuss gab und sie gleich in die wichtigen Personalentscheidungen nicht nur einband, sondern deutlich machte, dass am Ende sie die Entscheidung treffen werde, erreichte ich mehrere positive Dinge gleichzeitig. Es entstand früh ein großes Vertrauensverhältnis, die Führungskraft war hoch motiviert und handelte mit großem Verantwortungsbewusstsein, sodass ich in vielen Dingen entlastet wurde. Auch gegenüber meinen anderen Mitarbeitern änderte sich graduell mein Führungsverhalten. Mir ging es von da an darum, meine Mitarbeiter in ihren Fähigkeiten zu entwickeln, wobei ich immer mehr feststellte, dass vor allem die Persönlichkeitskompetenz eine entscheidende Rolle spielte. Ich begann Bücher über Führungsverhalten und Führungsethik zu lesen und stellte mir vor allem die Frage, wie Motivation und Zufriedenheit entstehen und aufrechterhalten werden können. So beschäftigte ich mich in der Folge intensiv mit Motivationstheorien, Psychologie und den Erkenntnissen der Neurowissenschaften.

Sowohl in den betriebswirtschaftlichen Studiengängen als auch der betrieblichen Praxis spielen diese Aspekte leider noch eine geringe Rolle. Das wird sich zukünftig sicherlich ändern, da sich die Arbeitswelten und Inhalte in einem radikalen Umbruch befinden und sich parallel der Markt der Arbeitskräfte immer mehr in einen Verkäufermarkt verwandelt.

Im folgenden Abschnitt möchte ich dem Leser eine Quintessenz der psychologischen Zusammenhänge darstellen, die in uns wirken. Daraus lässt sich dann auch ein zeitgemäßes Führungsverhalten ableiten.

Selbstwirksamkeit

In uns Menschen steckt eine tief verankerte Kraft, die uns immer wieder aufs Neue antreibt. Wir wollen unsere Wirksamkeit in der Umwelt spüren und erleben. Der Mensch will etwas schaffen, sich in etwas verwirklichen. Das können kreative, handwerkliche oder auch geistige Produkte sein. Aber auch etwas zu zerstören, ist durchaus eine Form der Selbstwirksamkeit. Vandalismus und Gewalt in einer modernen Gesellschaft ist Ausdruck dieser fehlgeleiteten Selbstwirksamkeit, die wir im Übrigen schon als Kinder ausprobieren und einüben. Kinder haben einen großen Spaß dabei, selbstgebaute Türme wieder einzureißen. Aber auch die Sandburgen anderer Kinder zu zerstören, kann ein Quell der Freude und Bestätigung der Selbstwirksamkeit sein. Daher ist es auch so wichtig, dass wir Menschen Betätigungen finden, die unser Verlangen nach Gestaltung und

Wirkung im Positiven ermöglichen. Wir wollen das Produkt unserer Arbeit wahrnehmen, spüren und möglichst als vollendetes Werk vor uns sehen. Das ist in unserer arbeitsteiligen Gesellschaft kaum noch der Fall, da jeder meist nur noch an einem kleinen Teil des Ganzen mitwirkt. Selbst Wissensarbeiter stehen mittlerweile vor diesem Dilemma, denn auch hier hat sich der Grad der Arbeitsteilung enorm schnell entwickelt. Die Herausforderung der Arbeitgeber und deren Führungskräften ist es also, den Mitarbeitern immer wieder zu ermöglichen, ihre Selbstwirksamkeit zu spüren. Im Übrigen beobachte ich einen Trend in der Gesellschaft zurück zu handwerklicher Arbeit im Privaten. Sei es die Arbeit in einem Garten oder künstlerisches Gestalten. Hier erleben wir das gute Gefühl der Selbstwirksamkeit in Form eines greifbaren Produktes, dessen alleiniger Schöpfer wir vermeintlich sind. Es ist gut, wenn wir dieses Bedürfnis in anderen Bereichen decken. Besser wäre es allerdings, wenn mehr Menschen, Selbstwirksamkeit auch in der beruflichen Arbeit erleben könnten.

Wachstum in Verbundenheit und Vertrauen

Menschen wollen in Verbundenheit leben und wachsen können, so formuliert es die Psychologie. Dieses früheste Urerlebnis unserer ersten Monate und Jahre als Kinder teilen wir offenbar alle gemeinsam.

Wachstum beinhaltet die Entwicklung der persönlichen Fähigkeiten. Wachstum im Arbeitsleben, im Betrieb, heißt, sich weiterentwickeln zu können, neue Aufgaben zu übernehmen, aber auch größere Bedeutung zu erlangen. Die meisten Mitarbeiter wollen sich in diesem Sinne weiter entwickeln. Das bedeutet nicht, dass sie immer eine Karriere mit steigender Verantwortung anstreben. Eine solche Entwicklung kann auch auf eine andere Weise stattfinden. Hier steckt noch viel Potential für die meisten Unternehmen. Wir Menschen wollen vor allem als Person wertgeschätzt werden und dieses natürlich auch durch unsere Vorgesetzten und unsere Chefs.

Zur Verbundenheit gehört Vertrauen. Vertrauen ist die Basis für ein wachsendes Gefühl der Verbundenheit. Vertrauen entsteht langsam und basiert auf Erlebtem, nicht auf Gesprochenem oder Versprochenem. Es sind die Taten, die zählen. Darüber sollte sich jede Führungskraft im Klaren sein. Persönlich erlebte ich diesen Zusammenhang bei einer Übernahme einer Filiale. Die Mitarbeiter und auch die Leiterin waren sehr verschlossen und geprägt durch eine Kultur des Misstrauens. Sie hatten selber über Jahre eine Führung erfahren, die durch Druck, Überwachung und Unberechenbarkeit geprägt waren. Bei meinen ersten Kontakten legte ich daher einen großen Schwerpunkt auf vertrauensvolle Kommunikation und sendete immer wieder Botschaften der Wertschätzung. Trotzdem hatte ich auch nach einem Jahr noch immer das Gefühl, dass die Atmosphäre in dieser Filiale eine ganz andere sei, als ich es gewohnt war. Bei meinen Besuchen waren die Mitarbeiter sehr zurückhaltend und auch die Führungskraft stand Veränderungen oder Anregungen kritisch gegenüber. Die

Leistungen der Mitarbeiter waren durchaus gut, aber ich hatte das Gefühl, dass die Atmosphäre belastet war und man mir nicht vollends vertraute, teilweise sogar mit Skepsis begegnete.

Das änderte sich erst ab dem Punkt, an dem ich dem Team konkret durch mein Handeln helfen konnte. Innerhalb kurzer Zeit hatten zwei Mitarbeiterinnen das Team verlassen. Ich leitete sofort eine Neubesetzung ein und engagierte mich mit hoher Priorität in dieser Aufgabe. Innerhalb kurzer Zeit hatten wir die Stellen wieder gut besetzt und für alle war eine deutliche Entlastung zu spüren. Dieses Engagement seitens ihres Vorgesetzten, war das Team nicht gewohnt. Es folgten noch einige andere Aktivitäten und langsam wuchs ein Vertrauensverhältnis. Zu oft waren sie in der Vergangenheit sicherlich enttäuscht worden, als dass sie meinen ersten Botschaften des Vertrauens Glauben schenken konnten und wollten. Erst durch konkrete Handlungen änderte sich dieses.

Die zweite Basis für Vertrauen ist die Berechenbarkeit des Vorgesetzten. Wir vertrauen nur Menschen, deren Handlungen und Aktivitäten konsistent sind. Sprunghaftes oder willkürliches Verhalten einer Führungskraft führt in einem hohen Maße zur Verunsicherung und fördert opportunistisches Verhalten auf Seiten der Mitarbeiter. Man stelle sich einfach einen Chef vor, der gelegentlich zu Wutausbrüchen neigt und dann seine Mitarbeiter rund macht. Wird es in diesem Team eine offene Fehlerkultur geben? Werden Mitarbeiter eigenständig denken und Verantwortung übernehmen? Wohl eher nicht. In einer solchen Kultur der Unberechenbarkeit ist es das Beste, so wenig wie möglich aufzufallen und Dienst nach Vorschrift zu leisten.

Der Wertekompass einer Führungskraft

Zusammenfassend können wir an dieser Stelle den Wertekompass einer Führungskraft wie folgt beschreiben. Als Leiter eines Teams sorge für die geeigneten Rahmenbedingungen deiner Mitarbeiter, sodass Vertrauen und das Gefühl von Selbstwirksamkeit entstehen kann. Gib deinen Mitarbeitern Gelegenheiten zu wachsen und begleite sie auf diesem Weg als Mentor. Führe über klar formulierte Ziele und delegiere nicht nur die Aufgabe, sondern auch die Verantwortung. Überzeuge durch deine eigenen Handlungen und Tätigkeiten.

Abschließend noch ein Gedanke zur Entstehung von Motivation. Wann immer ein Vorgesetzter glaubt, er könne gezielt das Team oder einzelne Mitarbeiter motivieren, liegt ein Missverständnis vor. Leider ist die Realität eine ganz andere. Die meisten Vorgesetzten tragen durch ihr eigenes Verhalten viel mehr zu einer Demotivation ihrer Mitarbeiter bei, wie diverse Studien und Mitarbeiterbefragungen belegen. Gesunde und anhaltende Motivation kann nur aus einer Person heraus entstehen. Als Führungskraft trage ich die Verantwortung, die geeigneten Rahmenbedingungen zu schaffen, dass möglichst viele Mitarbeiter intrinsisch motiviert sind. Helfen kann dabei der oben aufgeführte Wertekompass.

▽ IV. Bausteine auf dem Weg

Die Kunst des Loslassens

Immer mehr spürte ich, wie mich das Thema Mitarbeiterführung faszinierte. So war es nur konsequent, meinen Schwerpunkt hierauf auszurichten. Dazu war es notwendig, den von mir verantworteten und seit über zehn Jahren geprägten Geschäftsbereich des Shopmarketing abzugeben. Schon früher einmal kam dieser Gedanke in mir auf, wurde aber schnell verworfen. Ich war einfach noch nicht bereit loszulassen. Denn wir neigen wohl dazu, an den Dingen festzuhalten, die wir erschaffen oder geprägt haben. Es geht um Status, Privilegien und Gewohnheiten. Auch jetzt spürte ich die vertraute Ablehnung in mir. Jedoch war auch eine Bereitschaft in mir gewachsen, Dinge anders zu betrachten. Auf dem Weg zu einer Veränderung, die ich ja tief im Innersten wollte, war dieses Festhalten nicht sinnvoll. Wieder half mir das systematische Ordnen von Gefühlen in Form niedergeschriebener Gedanken, ein klares Ziel zu sehen. So fühlte es sich auch nicht mehr als ein Verlust an, den Bereich zu übergeben, sondern als eine Bereicherung.

Es dauerte dieses Mal nur vier Monate, um die Weichen innerhalb der Firma zu stellen. Ende 2016 übergab ich die Geschicke und Verantwortung für diesen Geschäftsbereich an einen Kollegen. Mittlerweile hatte ich meinen Schwerpunkt komplett in Richtung der Führungsaufgabe ausgerichtet. Meine Führungsspanne war durch Übernahmen weiterer Filialen angewachsen und schnell wurde mir klar, dass mich diese Aufgabe komplett ausfüllen würde. Das ständige gedankliche Hin- und Herspringen zwischen den bisherigen Aufgabengebieten fiel nun weg und das hatte einen großen Effekt. Ich wurde deutlich gelassener und spürte erheblich weniger Stress. Die bisherige Doppelbelastung war, wie ich jetzt merkte, ein Arbeiten auf Verschleiß gewesen. Leider scheint das heute noch die Regel in Management- und Führungspositionen zu sein. Es ist nicht zu unterschätzen, welchen negativen Effekt das ständige Neufokussieren auf eine andere Aufgabe hat. Unser Arbeitsgedächtnis ist so beschaffen, dass es zunächst eine gewisse Zeitspanne (ca. 10 Minuten) braucht, um sich mit komplex kognitiven Fragestellungen lösungsorientiert zu beschäftigen.[3] Unsere Arbeitsrealität aus permanenten E-Mail-Eingängen, Push-Nachrichten über Teams, WhatsApp, etc. sowie Telefonanrufen führt zu einer regelmäßigen Fehlbelastung unseres Gehirns. Ich sehe in dieser Fehlbelastung eine der Hauptursachen für viele Krankheiten, insbesondere des sogenannten Burn-out-Syndroms, welches in unserer Gesellschaft mittlerweile als Diagnose anerkannt zu sein scheint, auch wenn es streng genommen gar keine Krankheit ist. Nach den Kriterien des ICD 10 (International Classification of Diseases der Weltgesundheitsorganisation WHO) ist Burn-out keine eigenständige Krankheit, sondern ein Einflussfaktor, der auf den Gesundheitszustand wirkt und zur Inanspruchnahme des

---

3 Prof. Dr. Martin Korte, Neurobiologe an der TU Braunschweig, Vortrag IHK Osnabrück, 28.10.2019

Gesundheitssystems führt. Es wird als Ausgebranntsein, als Zustand der totalen Erschöpfung definiert.

Umgang mit Medien

Es liegt also an uns, hier einen gesunden Umgang zu finden. So müssen wohl die wenigsten Arbeitnehmer permanent ansprechbar sein. Es reicht doch, wenn sie erreichbar sind. Was ist hier der Unterschied?

Solange wir nicht im Rettungsdienst, Callcenter oder als Notfallmonteur arbeiten, müssen wir nicht den ganzen Arbeitstag lang und schon gar nicht darüber hinaus dauer-ansprechbar sein. Es reicht völlig aus, dass wir erreichbar sind. Erreichbar sind wir über eine E-Mail oder auch über eine Sprachnachricht auf der Mailbox. Erreichbarkeit bedeutet im Gegensatz zur Ansprechbarkeit, dass keine sofortige Reaktion erfolgen muss. Als Coach empfehle ich, seine E-Mails zweimal am Tag zu bearbeiten. Ansonsten ist das E-Mail-Programm geschlossen. Die Funktion, dass eingehende E-Mails als kleine Popups angezeigt werden, muss zwingend abgestellt sein. Jede Push-Nachricht, die eingeht, erregt unsere Aufmerksamkeit und lenkt unsere Wahrnehmung dorthin. Selbst wenn wir das Popup nicht anklicken, um die E-Mail direkt zu lesen, werden wir aus unserem eigentlichen Denkprozess herausgerissen, auch wenn uns das vielleicht gar nicht bewusst wird. In gleicher Weise wirkt das Geräusch eines vibrierenden Smartphones oder das Blinken einer Smartwatch. Wie stark diese Reize wirken, wurde sogar schon in diversen Experi-

menten nachgewiesen. In einer Studie sollten die Proban-
den an einem Computer Aufgaben lösen. Dabei wurden
Herzfrequenz und Blutdruck gemessen. Das eigentliche
Experiment war den Teilnehmern nicht bekannt und kam
unerwartet, als der Testleiter mitten im Experiment den
Teilnehmern SMS-Nachrichten auf deren private Smartphones sendete. Das Vibrieren oder das akustische Signal
eines Nachrichteneingangs führte regelmäßig zu einer
signifikanten Herzfrequenz- und Blutdruckerhöhung.
Smartphones sind eine tolle Erfindung und ermöglichen
viele sinnvolle Anwendungen. Jedoch sollten diese Geräte nicht uns steuern, sondern wir diese Geräte gezielt
als Werkzeuge verwenden. Mehr Bedeutung dürfen wir
diesen Maschinen nicht beimessen, wollen wir unsere
Selbstbestimmtheit als Mensch nicht verlieren.

Zurück zu einer gesunden und im Übrigen auch der ef-
fektivsten und effizientesten Bearbeitung von E-Mails.
Für die meisten Arbeitnehmer dürfte folgender Ansatz zu
favorisieren sein. Zunächst starten wir den Arbeitstag mit
einer wichtigen und in der Regel auch zeitaufwendigen
Aufgabe, wie z.B. das Erarbeiten eines Strategiepapiers.
Das E-Mail-Programm wird morgens nicht gleich geöffnet.
Ansonsten verstricken wir uns zu schnell darin, die ersten
E-Mails zu beantworten und schon verlieren wir unsere
Struktur. Erst am frühen Vormittag, z.B. um 10:00 Uhr bearbeiten wir unsere E-Mails. Bearbeiten heißt dabei, dass
wir niemals nur eine E-Mail lesen und sie dann wieder
schließen. Es erfolgt immer eine Bearbeitung nach dem
folgenden Schema. Es gibt drei Kategorien von E-Mails.

Kategorie A: Zu dieser Kategorie gehören E-Mails, die einen rein informativen Charakter haben und keine Reaktion von mir verlangen. Entweder lege ich diese E-Mail in einem Ordner ab (z.B. Informationen Marketing) oder ich lösche diese E-Mail sofort (Werbemails, uninteressante Offerten, etc.). Die gute Nachricht: Die Mehrzahl unserer E-Mails fallen in diese Kategorie. Wichtig ist es aber, die Bearbeitung konsequent durchzuziehen. Lese ich diese E-Mail einfach nur und lasse sie im Posteingang stehen, werde ich mich mit hoher Wahrscheinlichkeit noch ein zweites Mal mit dieser E-Mail beschäftigen.

In die Kategorie B fallen E-Mails, die meiner Reaktion bedürfen. Die Bearbeitungszeit liegt im Bereich von wenigen Minuten. Diese E-Mails sollten direkt beantwortet werden, unabhängig davon, ob sie zudem auch dringlich sind. Das geht natürlich nur dann, wenn wir unter keinem Zeitdruck stehen. Wer jedoch konsequent nach diesem Prinzip arbeitet, steht selten unter Zeitdruck. Diese Kategorie von E-Mails kann bei falscher Bearbeitung zum Zeitfresser werden. Lese ich zunächst den Inhalt und stelle dann fest, dass die Bearbeitung noch Zeit hätte, da z.B. ein Termin bis nächste Woche genannt ist, droht diese Zeitfalle. Denn stelle ich nun diese Mail zurück, werde ich sie in der nächsten Woche noch einmal lesen und ein zweites Mal den gleichen Gedankenprozess durchführen. Hier ist es besser, die Mail sofort zu bearbeiten, so beschäftige ich mich mit jeder E-Mail nur einmal. Stoße ich auf eine E-Mail, die in die Kategorie C fällt, verfahre ich anders. Dieses sind E-Mails, die einer gründlichen Bearbeitung bedürfen. Eventuell muss ich vorab eine Recherche betreiben oder mich mit Kollegen abstimmen. Diese E-Mails markiere ich nach einem schlüssigen System oder verschiebe sie in einen zu bearbeitenden Ordner. Für diese Bearbeitung gibt es ein festes Zeitfenster am Tag. Wenn der Posteingang des Vormittages so bearbeitet ist, schließe ich wieder das Mailprogramm und kann mich dem nächsten Arbeitsabschnitt zuwenden. Jetzt habe ich z.B. ein Zeitfenster für Telefonate, die ich proaktiv führe.

Zum Ende des Arbeitstages wiederhole ich die E-Mail-Bearbeitung nach dem vorgestellten Schema mit dem positiven Effekt, dass ich am Ende des Arbeitstages keine unbearbeiteten E-Mails habe. Natürlich können noch Aufgaben offen sein. Das ist sogar die Regel und gibt uns ja auch eine Struktur für den nächsten Tag. Diese offenen Aufgaben sind in meinem Taskordner und ich sollte mir zum Abschluss meines Arbeitstages die Aufgabe benennen, die ich gleich morgens als erste angehen und abschließen werde. Dazu habe ich ja je nach Arbeitsbeginn 90 – 120 Minuten konzentrierte Arbeitszeit. Dieser kleine Ausflug in die Arbeitsorganisation macht deutlich, welchen Einfluss unser tägliches Handeln auf unser Stressempfinden haben kann.

Fokussierung, Handlungsorientierung und Vertrauen

Damals merkte ich deutlich, wie gut es mir tat, mich auf einen einzigen Aufgabenkomplex zu konzentrieren. Die Leitung eines Bereiches mit zweihundert Mitarbeitern füllte mich komplett aus. Ich war wirklich froh, die Vermarktungsaktivitäten nicht mehr organisieren zu müssen. Vor allem fielen hierdurch viele Anrufe und Anfragen weg, die ich bisher aus dem Umfeld der Getränke-, Süßwaren- und Tabakindustrie erhalten hatte. Irgendwann einmal blätterte ich wieder durch mein weißes Notebook und las meinen allerersten Satz, den ich vor gut einem Jahr verfasst hatte: „Arbeit bedeutet für mich, das zu tun, was mir am Herzen liegt." Genau dieses war jetzt für mich möglich geworden! Plötzlich machte alles Sinn für mich und es fiel mir leicht, meine Prioritäten zu setzen. Meine Mitarbeiter sind mir wichtig und ich will gute Rahmenbedingungen für sie schaffen, damit sie in Verbundenheit wachsen können. Meine Prioritäten sind: Vertrauen aufbauen, Eigenständigkeit stärken, persönliche Weiterentwicklung ermöglichen. Da es sich in meinem Fall um ein Filialsystem handelte, in dem ich die Führung innehatte, waren meine Mitarbeiter über die halbe Bundesrepublik verteilt. Führung auf Entfernung war die zu lösende Herausforderung. Aus diesem Grunde war einer meiner Schwerpunkte, die regionalen Führungskräfte im Sinne einer gemeinsamen Kultur einzubinden. Dazu legte ich einen großen Schwerpunkt auf transparente Kommunikation, Führungskräftetrainings und einen coachenden Führungsstil. In dieser Zeit wurde mir deutlich, wie wichtig mein eigenes konkretes Verhalten ist, mit welchem ich entscheidend die wirkliche Kultur in dem von mir verantworteten Bereich präge. Wie treffe und kommuniziere ich Entscheidungen? Wie gehe ich mit Kritik um? Wie gehe ich mit eigenen und fremden Fehlern um? Wie kommuniziere ich mit unseren Kunden und Stakeholdern? Wie verbindlich ist mein Handeln? Jede E-Mail, jeder Anruf, jeder Vorschlag eines Mitarbeiters ist ein Lackmustest der eigenen Zuverlässigkeit, Berechenbarkeit und Lösungsorientiertheit. Wenn sich ein Mitarbeiter an seinen Vorgesetzten wendet, erwartet er in der Regel Unterstützung, zumindest aber Aufmerksamkeit und Zuwendung.

Hier noch einmal die Kernaussage: Wir werden an unseren Handlungen und Taten gemessen und bewertet, nicht an unseren Worten. Daher habe ich es mir zur Gewohnheit gemacht, den Mitarbeiter in den Fokus meines Interesses zu stellen. Jede E-Mail eines Mitarbeiters wird beantwortet. Das sollte eigentlich selbstverständlich sein. Leider habe ich in Coaching-Gesprächen so viele Menschen erlebt, die mir berichteten, dass sie regelmäßig keine Rückmeldung ihrer Vorgesetzten erhielten. Handelt es sich um eine persönliche Angelegenheit des Mitarbeiters, bekommt die Aufgabe automatisch Priorität. Keine Handlung eines Vorgesetzten ist so vertrauensbildend und wertvoll fürs Unternehmen wie die Unterstützung eines Mitarbeiters beim Lösen eines persönlichen Problems oder Wunsches. Ich habe z.B. eine Mitarbeiterin mit Führungsverantwortung gehabt, deren Mutter und Vater schwer erkrankt waren. Sie wollte mehr Zeit für die beiden haben und sich auch in deren Pflege einbringen. Die Mitarbeiterin hatte schon mit dem Gedanken gespielt, eine Brückenteilzeit einzureichen, konnte und wollte sich aber nicht festlegen, wie lange diese Phase dauern sollte. Sie konnte die Situation ja gar nicht zeitlich einschätzen.

Daraufhin sagte ich der Kollegin zu, sie könne ab sofort in Teilzeit gehen und jederzeit wieder zurückwechseln. Zuvor hatte ich eine in Teilzeit beschäftigte Mitarbeiterin einer anderen Filiale gefragt, ob sie die Lücke füllen könne. So gab es eine Lösung für dieses Problem. Jeder kann sich vorstellen, welche Loyalität durch ein solches Handeln entsteht. Aber es sind auch die tagtäglichen kleinen Angelegenheiten, Gespräche und Begegnungen, die den Unterschied machen können. Ich kann jeder Führungskraft nur anraten, jeden Tag mit dem einen gleichen Gedanken zu starten: „Ich bin für meine Mitarbeiter da. Wie kann ich sie heute effektiv unterstützen?"

Jetzt werden vielleicht einige Leser denken, das sei etwas naiv. Mitarbeiter müssen kontrolliert und angewiesen werden, sonst tanzen sie einem auf der Nase herum.

Nun, Kontrolle muss sein und ohne Direktive geht es auch nicht. Aber es kommt wesentlich auf meine Haltung als Vorgesetzter an. Ausgerüstet mit dem Mindset – ich bin für meine Mitarbeiter da – wird sich unser Leben als Führungskraft über die Zeit komplett verändern, und zwar zum Positiven. Unser Leben wird sich bereichern. Unser Vertrauen in unsere Mitarbeiter wird wachsen und es entsteht ein tragbares Fundament, auf dem Erfolge aufgebaut werden können. Die Eigenständigkeit und das Engagement der Mitarbeiter wachsen und so werde ich als Vorgesetzter entlastet.

Das erlebte ich sehr intensiv in dieser Phase meines Lebens. In dieser Zeit ließ ich mich zudem zum Persönlichkeitstrainer ausbilden, um die Kenntnisse an meine Mitarbeiter weitergeben zu können, aber vor allem auch, um die erlernten Techniken selber anzuwenden. Einen großen Stellenwert hatten für mich die Weiterbildung meiner Führungskräfte und die Etablierung einer menschenorientierten Führungskultur in dem von mir verantworteten Bereich. So nutzten wir eine Jahrestagung dazu, ein eigenes Wertebild und Leitlinien zu erarbeiten. Ganz wichtig ist bei dieser Aufgabe, dass dieser Prozess von Anfang an mit den Mitarbeitern zusammen beschritten wird. Unternehmensleitlinien, die aus der Zusammenarbeit eines Beraters und einigen ausgewählten Führungskräften entstehen und dann wie ein Gesetz im Unternehmen etabliert werden, schaden in der Regel mehr, als dass sie Gutes tun. Über die Jahre wuchs der Bereich immer weiter und die Zahl meiner Mitarbeiter durchbrach irgendwann die Marke von 200. Trotzdem war die Aufgabe gut zu bewältigen und ich empfand oft große Freude in dieser Arbeit. Was mir zu dieser Zeit noch nicht bewusst war: Ich hatte durch meine aktive Arbeit im Betrieb bereits die Weichen zu meiner nächsten beruflichen Veränderung gestellt! Vier Jahre später konnte ich die Aufgaben als interner Coach und Trainer in meiner Firma übernehmen. Um es psychologisch auszudrücken: Wieder einmal ging ein Tor auf und ich konnte immer mehr das ausleben, was in mir angelegt ist.

▽ V. Inventur der eigenen Persönlichkeit

In diesem Kapitel behandeln wir eine weitere Technik, mit der wir den Prozess der Selbstreflexion unterstützen und gezielt leiten können.

Zum besseren Verständnis verwende ich einen Aspekt aus meiner persönlichen Reflexion, die einige Jahre zurückliegt.

Von Kindesbeinen an hatte ich Sport gemacht. Treibend hierbei war der Einfluss meines Vaters, der mich zunächst mit den Sportarten Fußball, Leichtathletik und Tischtennis in Kontakt gebracht hatte. Den größten Erfolg hatte ich im Tischtennis. Als Schüler konnte ich mehrfach Kreis- und Bezirksmeister werden und spielte sogar bei den Landesmeisterschaften mit. Die größten Erfolge waren Einzelsiege bei landesweiten Turnieren sowie ein Landesmeistertitel im Doppel. In der Retrospektive wurde mir nun deutlich, welchen Einfluss diese Erfahrungen auf meine Persönlichkeitsentwicklung gehabt hatten. Sport war für mich in erster Linie ein Wettkampf. So verwunderte es mich auch nicht, festzustellen, wie sich meine Haltung zum Sport im Erwachsenenalter in diesem Sinne weiterentwickelt hatte. Aufgrund meiner vielen beruflichen Veränderungen als Marineoffizier hatte ich mich in meiner Freizeit mehr auf Individualsportarten verlegt. Fitnessstudio und Laufen waren die ersten frühen Ansätze. Im Rahmen der Ausbildung zum Marineoffizier war ich viel auf Lehrgängen und hatte dort noch die Gelegenheit zur Ausübung von Mannschaftssport. Teilweise fand der sogar in den Dienstzeiten statt, aber auch

abends nutzten wir die Sporthallen oder -plätze, um Fußball oder Volleyball zu spielen. Hier brachte ich stets den
Wettbewerbsgedanken ein. Für mich gehörte es immer
dazu, um Punkte zu spielen. Im weiteren Verlauf meiner
beruflichen Entwicklung fiel die Möglichkeit des Mann-
schaftssports für mich weg. An dieser Stelle übertrug
ich den Wettbewerbsgedanken ganz offenbar auf die
Individualsportarten. So landete ich beim Marathonlauf.
Mit dreißig lief ich meinen letzten Marathon. Irgendwas
in mir hatte mir nach mehreren Jahren intensiven Lauf-
sports ein Signal gegeben, dass diese Art der Belastung
meinem Körper nicht guttat. Danach betrieb ich Sport
hauptsächlich zur Gesunderhaltung und aus ästhetischen
Gründen. Jedoch spürte ich von Jahr zu Jahr, wie mir
immer mehr die Motivation fehlte, zum Training zu
gehen. Ein Zusammenhang war mir aber nicht klar. Diese
Episode bringt uns zu der zweiten Technik, mit der wir
uns über unsere Werte und Motive auseinandersetzen
können. Ich nenne diesen Ansatz Inventur der eigenen
Persönlichkeit. Unter einer Inventur wird im Allgemeinen eine Bestandsaufnahme zu einem bestimmten Zeitpunkt verstanden. Im Gegensatz zu einer quantitativen
Bestandsaufnahme bei der klassischen Inventur eines
Unternehmens hat die Inventur der Persönlichkeit einen
qualitativen Charakter.

Diese Übung ergänzt und vertieft die Erkenntnisse, die wir
durch die Fragen im Rahmen des Neuanfangs gewonnen
haben. Nun wird es spezifischer in dem Versuch, unser
jetziges Verhalten, unsere Interessen, unseren Lebensstil besser zu verstehen. Denn unser Verhalten ist in der

Regel auf ein Ziel hin ausgerichtet und dabei spielen Werte und Motive eine entscheidende Rolle.

Schauen wir uns doch erst einmal die einzelnen Begriffe und Ebenen an, um den Zusammenhang besser verstehen zu können (siehe Technik 2).

Technik 2: Inventur der eigenen Persönlichkeit

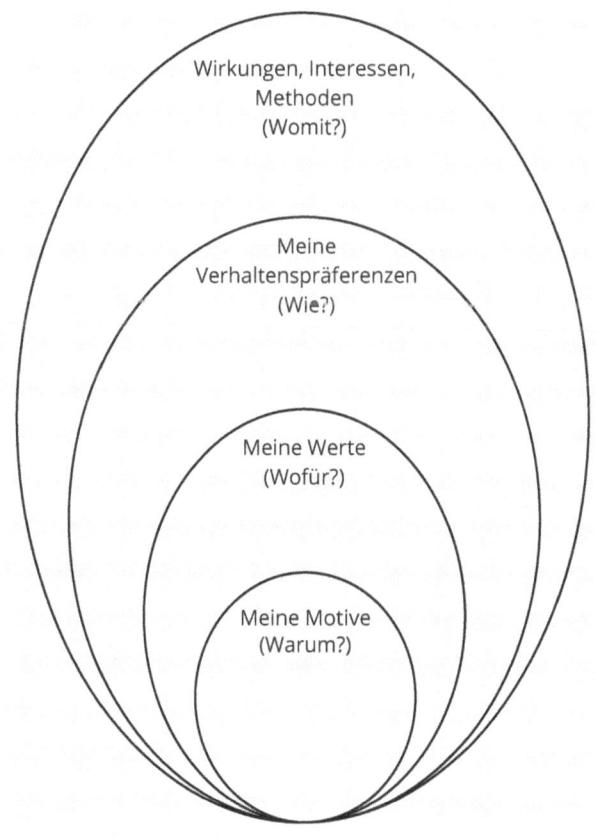

Wirkungen, Interessen, Methoden (Womit?)

Die Aspekte unserer Persönlichkeit, die sich an der Schnittstelle zur Umwelt abspielen, bilden den Startpunkt der Reflexion. Die Ausgangsfrage ist: Womit bringen wir unsere Persönlichkeit, unser Ich, zur Wirkung? Unter Wirkung versteht man das Auftreten, bewusste Handlungen und Gedanken, Kleidung, Schmuck, Sprache, Besitz und unseren Umgang mit anderen Menschen. Welche Interessen zeigen wir? Welche Methoden wenden wir an? Welche Glaubenssätze vertreten wir?

Diese Aspekte sind durch unsere Umwelt, insbesondere andere Menschen, beobachtbar und lösen natürlich bei anderen Individuen Reaktionen aus. Zum besseren Verständnis greife ich wieder meinen Umgang mit dem Sport auf. Wenn sich bei einer sportlichen Aktivität in der Gruppe die Möglichkeit eines Wettbewerbes bot, war es meine Methode, diese aktiv zu suchen. Spielte ich also mit anderen am Strand Beachvolleyball, ergriff ich nach einer kurzen Phase des freien Spiels die Initiative und schlug vor, um Punkte zu spielen. Automatisch nahm ich dann in der Gruppe die Rolle eines Antreibers an und natürlich gab ich immer mein Bestes. All das findet sich unter dem Womit wieder und es wird klar, was ich mit der Schnittstelle zur Umwelt meine. Mein wettkampforientiertes, ehrgeiziges Verhalten konnte jeder beobachten.

Meine Verhaltenspräferenzen (Wie?)

Unsere Methoden des Denkens und Handelns haben ihren Ursprung in unseren sogenannten Verhaltenspräferenzen. Das ist die zweite Schicht in unserem Modell. Hier geht es um das Wie. Es sind unsere Charaktereigenschaften, Denkmuster, Lebenseinstellungen, die in dieser Schicht zu verorten sind. Auf dieser Ebene setzen im Übrigen alle bekannten Verhaltensmodelle an. Erwähnen möchte ich das **Persolog-Modell** mit seiner Unterscheidung in dominantes, initiatives, stetiges und gewissenhaftes Verhalten (Gay 2015). Dieses Modell setze ich in meiner Arbeit als Trainer und Coach bevorzugt ein. Mittels zweier strukturierter Fragebögen erhält der Coachee[4] einen guten Überblick über die Anteile seiner Verhaltenstendenzen und der damit verbundenen Auswirkungen auf sein Handeln, seine Ziele und die Wirkung auf andere Menschen. Das „Wie" bestimmt also das „Womit". Aber es gibt hierbei durchaus eine Wechselwirkung. Regelmäßige Handlungen, die ich bewusst durchführe, prägen sukzessive auch unser Verhaltenspräferenzen.

Ein weiteres Instrument der Persönlichkeitsanalyse ist der **Meyers-Briggs-Typenindikator** (MBTI®), der Aussagen über Präferenzen auf vier unterschiedlichen Skalen tätigt. Grundlage für dieses Modell ist die Typenlehre des Individualpsychologen Carl Gustav Jung (Jung 2011). Auch

---

4 Coachee ist die Bezeichnung der Person, die sich durch einen Coach begleiten lässt. Coach und Coachee interagieren dabei auf Augenhöhe in einer horizontalen Beziehung.

der Typenindikator kann einem Coachee hilfreiche Einblicke in seine Verhaltenspräferenzen vermitteln. Allerdings werden Verhaltens- und Persönlichkeitsmodelle oft geradezu missbräuchlich angewendet. Insbesondere im beruflichen Umfeld werden diese Modelle dazu verwendet, Kunden besser lesen zu können, um eine geeignete Verkaufsstrategie zu wählen. Zudem wird den Teilnehmern dieser Trainings auch das Gefühl vermittelt, das ermittelte eigene Verhaltensprofil sei eine persönliche Ausstattung, wie die Körpergröße oder die Augenfarbe. Dabei wird ein entscheidender Zusammenhang übersehen.

Meine Werte (Wofür?) - Meine Motive (Warum?)

Unser Verhalten wählen wir aus (bewusst und teils unbewusst) und verfolgen dabei ein Ziel. Dabei spielen im Hintergrund ganz entscheidend Werte und Motive eine große Rolle. Unsere Verhaltenspräferenzen haben viel mit unseren bisherigen Motiven und Werten zu tun. Vielen Menschen sind die eigenen Motive und Werte kaum bewusst. Wenn ich diese Übung in Seminaren anwende, gibt es viele Teilnehmer, die zunächst mit der Frage nach Motiven und Werten wenig anfangen können. Im Sinne des Psychoanalytikers Carl Gustav Jung könnte man dieses so deuten, dass bestimmte Motive dem Bereich des Unbewussten zuzuordnen sind. Jung beschreibt das Unbewusste als „alles was ich weiß, an das ich aber momentan nicht denke; alles, was mir einmal bewusst war, jetzt aber vergessen ist; alles, was von meinen Sinnen wahrgenommen, aber von meinem Bewusstsein nicht beachtet wird; alles was ich absichts- und aufmerksamkeitslos, d.h. unbewusst fühle, denke, erinnere, will und tue; alles Zukünftige, das sich in mir vorbereitet und später erst zum Bewusstsein kommen wird; all das ist Inhalt des Unbewussten" (Jung 1991, §382).

Oft ist es ziemlich einfach, die ersten Motive an die Oberfläche des Bewusstseins zu befördern. Bisher hatten wir unseren Motiven keine Beachtung geschenkt, waren ihnen gegenüber aufmerksamkeitslos. Doch das ist leicht zu ändern. Zunächst geht es darum zu verstehen, was Motive genau sind und was diese von Werten unterscheidet.

Motive sind einzelne, isolierte Beweggründe menschlicher Verhaltensbereitschaft. Wir können Motive also wie Lotsen verstehen, die unserem Handeln eine Richtung geben. Werte sind hingegen bewusste Motive, die oft auch einen erstrebenswerten Zielzustand beschreiben und zudem einen sozialen Kontext haben. So ist z.B. Neugier oder Vielfalt ein Motiv, aber kein Wert. Hilfsbereitschaft ist zugleich Motiv und Wert.

Unsere Werte entstehen immer durch den gesellschaftlichen Einfluss, dem wir von Kindheit an ausgesetzt sind. So übernehmen wir bestimmte Werte bereits aus unserem familiären Umfeld. Aber auch die darüber hinaus gehenden gesellschaftlichen Einbindungen (Schule, Kirche, Vereine) prägen unsere Werte.

Viele unserer Motive entstehen natürlich auch in einem sozialen Kontext. Als Kinder sind wir darauf angewiesen, von unseren Eltern geliebt zu werden. Bei einem Säugling geht es im wahrsten Sinne des Wortes um Leben oder Tod: Es muss ihm gelingen, die Liebe und Aufmerksamkeit seiner Mutter zu erwecken.

Später strebt jedes Kind nach Wachstum und Zugehörigkeit. Es will seine Minderfähigkeiten so schnell wie möglich überwinden. Das beginnt beim Erlernen der Motorik, des Sprechens und aller weiteren Fähigkeiten, die ein Kind in seinem Umfeld, bei seinen Eltern, größeren Geschwistern oder anderen (überlegenen) Personen beobachtet und ebenfalls entwickeln will. Das Kind strebt nach einem Platz in der Familie. Es strebt sogar nach Überlegenheit. Dabei bilden sich die ersten Motive aus, die dem Kind dienen, dem Handeln eine Richtung zu verleihen. Der Psychologe Alfred Adler hat eindrücklich beschrieben, dass selbst die Geschwisterkonstellation einen großen Einfluss auf die Motive eines Kinds hat. So hat z.B. das zweitgeborene Kind in der Regel eine besonders große Neigung zur Anstrengung, da dieses Kind nicht nur in seinen Eltern, sondern auch im älteren Geschwisterteil jemanden neben sich findet, der ihm voraus und überlegen ist. Bei guten Anlagen wird das zweitgeborene Kind versuchen, das ältere Geschwisterteil zu überflügeln (Adler 2012, S. 380ff.). Mit jedem weiteren Lebensabschnitt entwickeln wir neue Motive oder vertiefen bereits bestehende. In meinem Fall wurde das offenbar früh angelegte Motiv „sich anstrengen" in Richtung des Motivs „Wettbewerb" ausgeformt. Entscheidend hierfür waren meine Erfahrungen im Tischtennis. Über die Erfolge erhielt ich die Aufmerksamkeit meines Vaters, meiner Großeltern, meiner Onkel und Tanten, meiner Freunde und meiner Mitschüler. Früher war mir der Zusammenhang nicht bewusst, den diese Episode meiner Kindheit auf mein Verhalten als Erwachsener hatte. Wozu erzähle ich das alles?

Haben wir einmal Klarheit über unsere Motive, unsere Verhaltenspräferenzen und unsere Methoden gewonnen, können wir hinterfragen, was davon von jetzt an für uns wertvoll ist und was uns unter Umständen in einer gewünschten Entwicklung hemmt.

Denn bei der Inventur der Persönlichkeit handelt es sich um kein Modell der Kausalität. Unsere Motive sind keine Konstanten. Wir können jeden einzelnen Lotsen in den Ruhestand schicken und neue Lotsen an Bord nehmen.

Dieser Gedanke folgt den Ansichten Alfred Adlers, der im Gegensatz zu der weit verbreiteten Dispositionspsychologie eine Positionspsychologie vertritt und damit betont, dass es nicht auf angeborene Anlagen ankommt, sondern auf die Position, die jemand in einem sozialen Bezugssystem einnimmt. Deutlich weist er auf die soziale Beschaffenheit des Seelenlebens hin und die Gestaltungsmöglichkeiten des Einzelnen, die in die Zukunft gerichtet ist. Der Charakter ist die persönliche Antwort, die ein Individuum auf die Anforderungen seiner Umwelt gibt. Mit dem Begriff Lebensstil bezeichnet Adler das Ergebnis dieser Wechselwirkungen (Goddemeier 2012).

Wir haben also eine Gestaltungsmöglichkeit unserer Zukunft. Das sollte uns Mut machen. Unsere Vergangenheit entscheidet nicht über das Jetzt. Das Jetzt entscheidet darüber, wie wir unsere Vergangenheit bewerten. Solange aber unsere Motive noch im Unbewussten liegen, werden sie unsere Handlungen steuern, ob wir das wollen oder nicht. Zurück zu meinem persönlichen Beispiel. Ich hatte über die Übung der Inventur der eigenen Persönlichkeit nun also das Motiv Wettbewerb identifiziert, welches sich in einer dominanten, konkurrierenden Verhaltenspräferenz manifestiert hatte und in Form von Interesse an Wettkämpfen, einer Haltung des Ehrgeizes und einer gewissen Überheblichkeit Ausdruck fand. In diesem Fall hatte ich mich von außen nach innen der Analyse genähert. Von meinen Methoden und Interessen sowie meiner Verhaltenspräferenz habe ich den Rückschluss auf ein Motiv gefunden. Weiterhin wurde mir deutlich, wie sich dieses Motiv in meinem Leben ausgeprägt hatte.

Es ist aber auch durchaus möglich, von einem Motiv zu dem Verständnis der eigenen Wirkungen, Interessen und Methoden zu gelangen. Was ich des öfteren bei Coachees beobachte, ist der Weg von einem Wert über die jeweilige Verhaltenspräferenz hin zu den konkreten Handlungen, Interessen und Methoden. Bei weiblichen Coachees erlebe ich regelmäßig die Betonung der Werte Hilfsbereitschaft, Rücksichtnahme und Pflichterfüllung. Dabei wird auch sofort betont, dass diese Werte im familiären Umfeld geprägt wurden. Oft wird Bezug auf die eigene Mutter genommen oder die Verantwortung betont, die für jüngere Geschwister übernommen wurde. Wenn man im Laufe des Gespräches dann zu dem Punkt kommt, wie diese Werte sich heute auf das Womit auswirken, wird es spannend. An dieser Stelle erkennen diese Personen ihre Methoden (z.B. immer wieder die Aufgaben anderer zu übernehmen, Probleme mit dem Neinsagen, Befürchtung davor andere zu enttäuschen) und deren Ursprünge. Mit dieser Erkenntnis ist der Weg frei zu einer bewussten Entscheidung in zukünftigen Situationen, diesem Motiv oder einem anderen, neuen Motiv zu folgen. In diesem Falle könnte ein alternatives Motiv die Unabhängigkeit sein. Mit diesem Motiv, als bewusst gewählter Hintergrund, fällt es leichter, ein erstes Mal „Nein" zu sagen. Abschließend möchte ich noch einmal das Bild des Lotsen aufgreifen. Ein Lotse berät den Kapitän eines Schiffes in schwierigen Gewässern und gibt eine Empfehlung für Kurs und Geschwindigkeit. Doch ist es der Kapitän, der die Verantwortung für das Schiff trägt. Die menschliche Psyche ist aber deutlich komplexer als ein Schiff und so haben wir diverse Lotsen engagiert und teilweise handeln diese scheinbar ohne unser eigenes Zutun. Je mehr wir uns also über unsere bewussten und unbewussten Motive klar werden, umso mehr erlangen wir Kontrolle über unser Leben und gewinnen damit unsere Freiheit. Ich habe festgestellt, dass viele Menschen sich bisher noch nie mit Motiven beschäftigt haben. Daher setze ich in Trainings eine Übersicht ein, mit der sich die Teilnehmer dem Thema annähern können. Sie werden aufgefordert, drei bis fünf Motive einzukreisen, mit denen sie sich identifizieren. Natürlich kann die Liste auch um weitere, bereits bekannte Motive ergänzt werden. An dieser Stelle setzt der Reflexionsprozess wie von alleine ein. Wodurch und zu welcher Zeit meines Lebens wurden die Motive angelegt? Womit bringe ich die Motive zum Ausdruck? Wie hängen diese Motive mit meinen Verhaltenspräferenzen zusammen?

Technik 3: Mit welchen dieser Motive identifizieren Sie sich?

Unabhängigkeit	Abenteuer
Sicherheit	Kreativität
Pflichterfüllung	Anerkennung
Erfolg/Prestige	Kontrolle
Freundschaft	Stabilität
Wettbewerb	Aufklärung
Wissen	Akzeptanz
Präzisionsarbeit	Menschen
Macht und Führung	Entscheidungsfindung
Vielfalt	genaues Arbeiten
Karriere	Ethischer/moralischer Kodex
Herausforderungen	Physische Herausforderungen
Konkurrenz	_____

▽ VI. Motive verändern

Wie es einem helfen kann, über die Motive zu einer Verhaltensveränderung zu gelangen, möchte ich erst wieder an meinem persönlichen Beispiel erläutern. Je intensiver ich über das Motiv Wettbewerb nachdachte, desto deutlicher kam mir der Gedanke, dass dieses Motiv meinen allgemeinen Absichten und anderen Motiven teilweise entgegenlief. So waren mir gute Beziehungen zu anderen Menschen wichtig. Das Herstellen von Harmonie war ein weiteres Motiv. Irgendwann erreichte ich den Punkt, an dem ich den Wettbewerb als ein treibendes Motiv in meinem Leben ersetzen wollte. Mein Gefühl war, dass dieses Motiv eigentlich meinem Wesen gar nicht entsprach. Ich begriff, wo es entstanden war und wie ich es aus dem Sport auch in andere Lebensbereiche übertragen hatte. Danach wurde mir auch deutlich, welche Motive mir helfen könnten Wettbewerbsgedanken abzuschwächen. Der Gegensatz zum Wettbewerb ist die Kooperation. Schritt für Schritt befasste ich mich mit dem Kooperationsgedanken und so änderte sich langsam meine Perspektive. Im Wettkampf einer Rückschlagsportart wie Tischtennis ist alles ein Nullsummenspiel. Mache ich einen Fehler, bekommt mein Gegner einen Punkt. Gewinne ich das Match und ziehe in die nächste Runde ein, scheidet mein Gegner aus. In diesen Sportarten gibt es noch nicht einmal ein Unentschieden. Einer gewinnt, der andere verliert. Selbst wenn ich zwei Sätze in einem Spiel mit drei Gewinnsätzen für mich entscheiden kann, ist das am Ende nichts wert, wenn ich 2:3 verloren habe. Doch ist das

Leben ein Nullsummenspiel? Ganz und gar nicht! Überall, wo man hinschaut, entsteht durch Kooperation ein Mehrwert.

In eindrucksvoller Form beschreibt Adam Grant die Kraft der Kooperation in den unterschiedlichsten gesellschaftlichen Bereichen (Grant 2013).

Die Technik 2 half mir das Motiv Kooperation mit Leben zu füllen. Welche Verhaltenspräferenzen gehören zur Kooperation? Mit welchen Methoden und Handlungen bringe ich Kooperation zum Ausdruck? Ein erster Schritt bei mir war die Absicht, mich rücksichtsvoller zu verhalten. Konkret nahm ich mir vor, dieses zuerst im Straßenverkehr umzusetzen. Als beruflicher Vielfahrer hatte ich die typische Überlegenheitseinschätzung entwickelt. Eine halbe Million unfallfreie Kilometer im Straßenverkehr können sehr selbstbewusst, ja vielleicht sogar arrogant machen. Jetzt drehte ich meine Perspektive einfach um 180 Grad. Ich hatte Spaß daran, für andere Verkehrsteilnehmer mitzudenken, machte bewusst Lücken auf, damit andere überholen konnten und passte meinen Fahrstil an die Bedürfnisse anderer an. Es ärgerte mich auch nicht mehr, wenn mal wieder das Reißverschlussverfahren nicht richtig umgesetzt wurde, sondern es freute mich, dass ich diese Kenntnis habe und ich setzte sie einfach ein. Ich bemerkte auch in anderen Bereichen, wie präsent doch der Wettbewerb in unserer Kultur ist. So sind die meisten Gesellschaftsspiele ebenfalls Nullsummenspiele. Bei unseren regelmäßigen Spielrunden im Familienkreis fiel mir dieses vermehrt auf und ich fragte mich, welchen

Einfluss dieses Spielverhalten auf uns und unsere Kinder hat. Seitdem freue ich mich jedes Mal, wenn ich ein Kooperationsspiel entdecke. Mit meinem Sohn habe ich seitdem auch so manches Nullsummenspiel in ein Kooperationsspiel umgewandelt, bei dem man zusammenspielt und z.B. gemeinsam einen besonders hohen Punktwert zu erreichen versucht. Hier ist einfach nur etwas Kreativität gefragt.

In meinen Seminaren stellen mir die Teilnehmer zum Thema Verhaltensveränderung oft die Frage, ob das nicht ein Verstellen sei. Man könne doch nicht mitten im Leben plötzlich ein anderer Mensch werden.

An dieser Stelle wird mir immer bewusst, wie dogmatisch das Selbstbild vieler Menschen ist und gleichzeitig spüre ich eine große Zufriedenheit, denn dieses zeigt mir, dass ich mit meiner Arbeit einen Beitrag zur Gemeinschaft leisten kann. Natürlich können wir nicht ein anderer Mensch werden. Zunächst ist es sogar wichtig, sein eigenes „Ich" anzunehmen. Aber unser Verhalten können wir bewusst steuern. So ist es für eine verschlossene und schüchterne Person möglich, bewusst initiative und kommunikative Handlungen in das Leben einzubauen. Dabei geht es um neue Anteile des Verhaltens, die ich den bestehenden hinzufüge. Das alte verschwindet nicht. Es soll und muss auch nicht verschwinden. Es ist vielmehr so, dass ein neues Verhalten ein altes überwachsen kann. Ich bin trotz der in mir gewachsenen Kooperationsanteile immer noch für Wettbewerbe zu gewinnen und habe meinen Spaß daran, mich auch mal wieder zu messen. Aber das Ganze läuft mittlerweile viel bewusster ab und ich habe immer die Möglichkeit, mich für die Kooperation zu entscheiden.

Doch zurück zum Beispiel der verschlossenen und schüchternen Person. Welches Motiv würde hier helfen? Orientieren wir uns an der Auswahl aus der Technik 3 wären die Motive „Menschen" und „Physische Herausforderung" neue Leitsterne, an denen Orientierung möglich wäre. Der erste Schritt ist es, sich zunächst mit den neuen und daher wenig vertrauten Motiven bekannt zu machen. Welche positiven Aspekte verbinde ich mit dem Motiv Menschen? Wie kann ich diesen Aspekt in mein Leben integrieren? Welchen Effekt hätte es, dieses Motiv zukünftig zu verfolgen? Erkenne ich so den zukünftigen Wert eines Motives und die Art, wie es mein Leben bereichern könnte, geht es um die Einübung einer langsamen Verhaltensänderung auf der Ebene des Wie und Womit (siehe Technik 2). Mit welchen konkreten Handlungen setze ich es um? So wäre in unserem Fall eine erste Handlungsänderung der Vorsatz, zukünftig immer wieder Gelegenheiten zu nutzen, um mit fremden Menschen in ein Gespräch zu kommen. Das wäre eine konkrete Absicht. Die Absicht ist der Startpunkt.

Damit aus der Absicht auch wirkliche Handlungen werden, ist es wichtig, dieser Absicht eine positive Empfindung und eine Überzeugung zuzuordnen. Das könnte dann so aussehen:

<u>Absicht:</u> Mich nach dem Befinden oder den Interessen anderer erkundigen

<u>Empfindung:</u> Empathie zeigen macht Spaß

<u>Überzeugung:</u> Menschen reagieren positiv auf ehrliches Interesse

Natürlich werden die ersten Versuche eine große Herausforderung sein. Aber nachdem wir dieses Verhalten ein paarmal gezielt angewendet haben und erfolgreiche Smalltalks mit Kollegen, Nachbarn und später auch fremden Menschen geglückt sind, verfestigt sich das neue Verhalten immer mehr und wird Teil unserer Persönlichkeit.

Auf diese Weise ist es möglich, alle denkbaren Motive in unser Leben zu integrieren und es dadurch zu bereichern.

▽ VII. Was ist eigentlich Arbeit?

Ich hatte ja bereits davon berichtet, dass ich mir nach meiner Reise ins Baltikum ein Stand-Up-Board zugelegt hatte. Über diesen Sport entwickelte ich die Liebe für die Langsamkeit und die Ruhe auf dem Wasser. Die Zeit auf dem Board hat bei mir offenbar auch etwas Meditatives. Wenn ich über einen See paddle, lösen sich die Gedanken auf und aus einem tiefen Moment des „Nur-Daseins", erscheint plötzlich ganz klar und deutlich eine gute Idee oder ein umfassendes Gefühl. Mein zweites SUP bot die Möglichkeit, auch ein Segel zu verwenden. So traute ich mich mit 44 Jahren an eine neue, motorisch recht anspruchsvolle Sportart, das Windsurfen.

Diese Entscheidung war eine große Bereicherung für mein Leben. Ich kann alle Menschen, egal welchen Alters, nur ermutigen, immer wieder neue Hobbies und Sportarten zu erlernen. Dabei sollte das Neue außerhalb der Komfortzone liegen. Das etwas außerhalb der eigenen Komfortzone liegt, erkennen wir ziemlich schnell. Bei den ersten Schritten ist man völlig überfordert und denkt: Das werde ich niemals lernen. So war es bei mir mit dem Windsurfen. Ich fiel ständig ins Wasser. Die Kräfte am Segel und die ständig wechselnden Bedingungen aus Wind- und Wellenrichtung überforderten meinen damaligen Gleichgewichts- und Koordinationssinn entschieden. Doch ich ließ nicht locker und bald fuhr ich die ersten Kurse und konnte eine leidliche Wende. Ab da ging es voran. Ich erinnere mich noch an eine Session auf einem nahegelegenen See. Ich hatte das zweite Mal versucht, mit einem Trapez zu surfen. Ein Trapez verbindet die Hüfte mit dem Gabelbaum. So kann die Kraft des Segels von den Armen weg auf den ganzen Körper übertragen werden. Mittels eines Hakens am Trapez und einer Schlaufe am Gabelbaum wird diese Verbindung hergestellt. Dann kann sich der Surfer nach hinten lehnen und entspannt über das Wasser düsen. Soweit die Theorie. Leider ist das Kräftesystem ständigen Veränderungen unterworfen. Nicht nur, dass der Wind sich in seiner Richtung und Stärke permanent verändert, auch der eigene Kurs ist nie ganz stabil. Zusätzlich variiere ich ja auch noch den Winkel des Segels zum Wind.

Kurz gesagt, es gibt sehr viele Variablen, die zu kontrollieren sind. Trotzdem gelangen mir an diesem zweiten Tag mehrere Fahrten, in denen ich voll im Trapez hing. Vor allem war es der Tag, an dem ich irgendwie ein anderes Gefühl für die Richtung des Windes entwickelte. Von da an lernte ich den Wind mit anderen Sinnen als nur meinem Sehsinn wahrzunehmen. Misserfolge gehören natürlich beim Üben dazu und so legte ich auch einen kapitalen Schleudersturz hin. Dabei wird die Kraft im Segel schlagartig so groß (z.B. durch eine Böe), dass es einem nicht mehr gelingt, den Zug zu kontrollieren. Die Verbindung Hüfte zum Gabelbaum wird nun zum Verhängnis, denn es schleudert einen, wie mit einem Katapult geschossen, nach vorne und man klatscht ins Wasser. Als ich an diesem Tag nach Hause fuhr, hatte ich einen witzigen Gedanken: „Das war heute ein richtig guter Arbeitstag." Natürlich stand das im Zusammenhang mit dem allerersten Eintrag in meinem weißen Notebook: „Arbeit bedeutet für mich, das zu machen, was mir am Herzen liegt."

Vier Jahre später habe ich dann in einem Buch über die Individualpsychologie Alfred Adlers gelesen, dass dieser bereits vor gut einhundert Jahren den Begriff Arbeit nicht nur auf eine Stelle in einer Firma bezog, sondern betonte, dass alle anderen Betätigungen (Kindererziehung, Engagement in der Gemeinde, Hobbies) ebenfalls als Arbeit zu verstehen sind. Erkennt man nur die Tätigkeit in einer Firma als Arbeit an, fehle es einem an Lebensharmonie (Kishimi, Koga 2020, S. 260).

Wir sollten uns also trauen, unsere Hobbies und andere Aktivitäten nicht nur als Ausgleich zur Arbeit zu betrachten, sondern als gleichberechtigte Arbeitsbereiche, in denen wir wachsen und uns verwirklichen können.

Kürzlich erst wurde mir bewusst, wo wir Arbeit in der höchsten Vollendung beobachten können. Ich war mit meinem Sohn alleine zuhause und beschäftigt, als mir plötzlich einfiel, dass ich wohl seit zwei Stunden keinen Laut mehr gehört hatte. Ich ging in das Kinderzimmer und mein Sohn saß tief versunken auf dem Boden des Zimmers und baute ein großes Haus aus Lego. Er bemerkte gar nicht mein Eintreten und summte leise vor sich hin. Kinder, die in ihrem Spiel versunken sind, verkörpern das Ideal der Arbeit. Raum und Zeit sind ausgeblendet, der Fokus ist komplett bei einer Sache im Hier und Jetzt. Dieser Zustand wird in der modernen Psychologie als Flow bezeichnet. Es ist übrigens wesentlich einfacher, in den Zustand des Flows zu gelangen, wenn wir uns bewegen. Den Zusammenhang beschreibt der Neurowissenschaftler Shane O'Mara in seinem jüngsten Werk (O'Mara, 2020). Das kann ich aus eigenen Erfahrungen gut bestätigen. Beim Mountainbiken, auf langen Läufen oder bei einer stundenlangen Windsurfsession stellt sich bei mir ein Zustand der völligen Fokussierung auf die Tätigkeit ein. Die Gedanken springen nicht ständig von der Vergangenheit in die Zukunft oder von Thema zu Thema, wie es im Alltag ja oft der Fall ist. Das führt zu einem Wohlgefühl und ist im höchsten Maße ein gesunder Zustand, in dem wir uns regelmäßig befinden sollten. Die besten Ideen meines Lebens sind nicht zufällig oft am Ende solcher Flowphasen aufgekommen.

Wer eine Erwerbsarbeit hat, die diesen Zustand ermöglicht, mag sich sehr glücklich schätzen. Es wäre aber Utopie anzunehmen, wir könnten alle Jobs finden, in denen wir in einem permanenten Flow arbeiten. Es sollte auch nicht das Ziel sein, diesem Zustand nachzujagen. Wie bei vielen Dingen liegt die Wahrheit in der Mitte. Wir brauchen Phasen des Flows und sicher auch Phasen der kritischen Gedankensprünge und des Planens oder auch der Rückschau auf unsere Vergangenheit. Ich selber erlebe manchmal als Seminarleiter während meiner Erwerbsarbeit das Gefühl des Fließens. Dann bin ich eins mit der Gruppe und ganz tief in dem Seminarthema und alles andere wird ausgeblendet. Normalerweise ist dieser Zustand aber nicht mit meiner Erwerbsarbeit verbunden. So wird es wohl auch den meisten Lesern gehen. Daher mache ich allen Mut den Begriff der Arbeit viel weiter zu fassen und damit der Familie, den eigenen Interessen, dem Sport, etc. eine gleichberechtigte Bedeutung beizumessen. Arbeit sollten wir von nun an als Zeiten verstehen, in denen wir wirken und dabei uns selbst verwirklichen mit dem Ziel, als Mensch zu wachsen. Gelingt es uns dabei ganz von der Tätigkeit aufgenommen zu werden, gelangen wir vielleicht sogar in einen Flow und schaffen hiermit die Voraussetzung für ein tiefes Glücksgefühl und für mögliche kreative Anstöße. Ein weiterer und ganz entscheidender Aspekt dieser Betrachtung von Arbeit greift auf die Aussage von Kishimi und Koga zurück: „Erkennen wir nur die Tätigkeit in der Firma als Arbeit an, fehlt es uns an Lebensharmonie."

Stellen wir uns doch einmal vor, wir verlieren unsere Erwerbstätigkeit von heute auf morgen durch einen Schicksalsschlag. Hatten wir bisher lediglich unsere Erwerbsarbeit als sinnvolle Arbeit betrachtet und Familie, Hobbies, Sport als Ausgleich definiert, geraten wir mit ziemlicher Sicherheit in eine bedrohliche Sinnkrise.

Teil 2:
Grundlagen und Theorie

Der rote Faden der ersten sieben Kapitel dieses Buches waren meine persönlichen Erlebnisse. Dieser Ansatz wurde bewusst verfolgt in der Überzeugung, dass nur persönlich Erlebtes glaubhaft darstellbar ist. Wenn wir die Erlebnisse eines Menschen in Form eines Buches oder Filmes nacherleben, kann es passieren, dass wir Anknüpfungspunkte finden. Vielleicht sehen wir auch parallele Muster oder ähnliche Gefühlskomplexe. Darüber kann ein eigener Reflexionsprozess einsetzen.

Die abschließenden drei Kapitel des Buches haben einen anderen Charakter. In ihnen geht es um Gedanken und Ideen, die im Zusammenhang mit der Frage nach einem selbstbestimmten Leben unweigerlich aufkommen werden. Ich werde Ihnen einen Ausschnitt aus der europäischen Geistesgeschichte bieten und Sie – symbolisch gesprochen – in einen philosophischen und psychologischen „Steinbruch" führen und einige wertvolle Gesteinsarten zeigen, die dort als Rohmaterial liegen. Abhängig

vom eigenen Interesse können Sie sich dann an die individuelle Weiterverarbeitung dieser „Steine" machen. Dazu
habe ich ausführliche Literaturhinweise eingebaut.

▽ I. Gedanken zur Freiheit

Starten wir mit dem Menschenbild. Ist der Mensch von
Natur aus frei als auch gut? Das waren die Gedanken von
Jean Jacques Rousseau (1712 – 1778), einem der be-
deutendsten Philosophen des 18. Jahrhunderts. Vor dem
Hintergrund dieser Annahme sollte es nach Rousseau
auch Aufgabe der Gesellschaft sein, diese Potentiale zum
Freisein und Gutsein zu fördern. Wie idealistisch dieser
Gedanke war, zeigten nicht nur die zwei Weltkriege, in denen die dämonische Seite unseres menschlichen Wesens
zutage trat. „Wie konnte das nur geschehen? Wie konnten
Menschen solche Verbrechen begehen?", neigen wir uns
zu fragen und sehen dabei selten den schmalen Grat, der
auch heute das Zusammenleben selbst demokratischer
Gesellschaften auszeichnet. Ein alarmierendes Beispiel
der jüngsten Gegenwart ist sicherlich die Präsidentschaft
von Donald Trump, die in der Erstürmung des Kapitols
ihre irrsinnige Wirkkraft offenbart hat.

Und trotzdem ist der Grundgedanke von Rousseau hilf-
reich und sollte ein Leitbild moderner Gesellschaften
sein. In meinen Seminaren betone ich immer, dass die
Freiheit eine Schwester hat. Das ist die Verantwortung.
Immanuel Kant (1724 – 1804) fußte seine Philosophie
auf der These, dass allen Menschen ein moralischer Sinn

angeboren ist, der es ermöglicht die eigenen Interessen zurückzustellen und sich für das Glück anderer zu engagieren. Was Kant damals noch nicht wissen konnte, ist die Tatsache, dass diese Aussage leider für 1-2% der Menschen nicht zutrifft. Ich spreche hier von Psychopathen. Diese Krankheit ist erst seit den 1940er Jahren beschrieben und mittlerweile gut erforscht. Aber es wundert mich immer wieder, dass die Zusammenhänge nur wenigen Nichtmedizinern bekannt sind. Psychopathen fehlt die Fähigkeit zur Empathie. Ist diese Krankheit hochgradig ausgeprägt, werden andere Menschen instrumentalisiert, Gefühle manipuliert und alles Erdenkliche unternommen, um den eigenen Vorteil zu mehren. Kommt ihnen das bekannt vor, Herr Trump? Vermutlich nicht, denn Psychopathen können die eigenen Defizite nicht erkennen. Daher glauben sie auch an ihre Rechtschaffenheit und das macht sie so gefährlich. Jedes Aufsichtsratsmitglied sollte bestens mit dieser Krankheit vertraut sein, denn die Zahl der Psychopathen in den Führungsetagen, insbesondere den Vorständen großer Unternehmen ist nach Aussage des Psychologen Jens Hoffmann drei- bis viermal so hoch wie in der Bevölkerung[5]. In einem hoch kompetitiven, stressigen Unternehmensumfeld können intelligente Psychopathen so richtig aufblühen. Ihre Fähigkeit, über Leichen zu gehen, ermöglicht ihnen oftmals den Aufstieg bis in die höchsten Ebenen eines Unternehmens.

---

[5] https://www.zeit.de/karriere/beruf/2014-05/psychopathen-interview-psychologe-jens-hoffmann

Evolutiv betrachtet scheint diese Abnormität übrigens durchaus ihre Berechtigung zu haben. Psychopathen haben eine deutlich geringere Gefahrenbewertung und kennen kaum Ängste. Sie waren somit erfolgreiche Jäger und Krieger, die ihren Sippen großen Nutzen lieferten. In kleinen, gesunden Familienverbänden mit dem Korrektiv der Sozialisation ist der Nutzen dieser Abnormität offenbar größer als der Schaden. Heute treffen diese Menschen jedoch auf eine lose, individuelle Gesellschaftsform, die durch abstrakte Normen und Gesetze geregelt ist. Wen dieses Thema weiter interessiert, empfehle ich das Buch „Der Psychopath in mir. Die Entdeckungsreise eines Naturwissenschaftlers zur dunklen Seite seiner Persönlichkeit" von James Fallon. Fallon, der sich über Jahrzehnte mit der Fragestellung beschäftigt hatte, ob die Veranlagung zu Gewalt und Kriminalität biologisch angelegt ist und hierfür Gehirnscans analysiert hatte, stellte zufällig im Zusammenhang mit einer anderen Studie fest, dass er selber genau über diese Disposition verfügt. Anschaulich beschreibt er, wie die gelungene Sozialisation seiner Familie ihn offenbar davor bewahrt hatte, ein Krimineller zu werden (Fallon, 2015).

Zurück aber zu dem Kantschen Gedanken, dass allen Menschen ein moralischer Sinn angeboren ist. In seiner Kritik der praktischen Vernunft leitet Kant das Grundgesetz der reinen praktischen Vernunft her: „Handle so, dass die Maxime deines Willens jederzeit zugleich als Prinzip einer allgemeinen Gesetzgebung gelten könne." Das ist der kategorische Imperativ, der in unterschiedlichen Formen entwickelt wurde. Die sogenannte Selbstzweckformel lautet: „Handle so, dass du die Menschheit sowohl in deiner Person, als in der Person eines jeden anderen jederzeit zugleich als Zweck, niemals bloß als Mittel brauchst." Vereinfacht ausgedrückt: Menschen dürfen nicht instrumentalisiert werden und unser Handeln sollte immer so sein, dass wir den Menschen (uns und andere) als Zweck sehen.

Diese Grundsätze sollten noch heute als universelle Leitlinien einer modernen Zivilisation gelten. Dabei geht der Impuls vom Individuum aus. Jede Gesellschaft ist ja schließlich die Summe ihrer Individuen. Die Verantwortung liegt immer beim Einzelnen. Leider scheint dieser Gedanke auch in den alten Demokratien immer mehr dem Ansatz gewichen zu sein, dass die Verantwortung bei einer übergeordneten Instanz liegen müsse.

Auf die Gefahr dieser Haltung hatte bereits **Erich Fromm** (1900 – 1980) hingewiesen. Fromm war Vertreter des normativen Humanismus. Fromms Theorien wurden maßgeblich durch die Gedanken von **Karl Marx** (1818 – 1883) sowie **Sigmund Freud** (1856 – 1939) angeregt. Während Freud annahm, unser Handeln sei biologisch determiniert, betrachtete Marx den Menschen in seinem Denken und Handeln vor allem als von der Gesellschaft vorbestimmt, insbesondere vom jeweiligen vorherrschenden Wirtschaftssystem. Fromm fügte dieser Mischung deterministischer Systeme den Gedanken der Freiheit hinzu und machte die Freiheit zum zentralen Merkmal der menschlichen Natur. Der Mensch kann die biologischen als auch die gesellschaftlichen Vorbestimmungen überwinden und transzendieren. Doch mit der Freiheit kommt auch die Verantwortung und diese ist nach Fromm eine große Herausforderung für die meisten Menschen. Daher neigen sie dazu, vor der eigenen Freiheit zu fliehen. In seinem 1941 im amerikanischen Exil erschienenen Werk „Escape from Freedom" beschreibt Fromm drei typische Wege, auf denen der Mensch seiner Verantwortung um die eigene Freiheit entkommt.

Beim Autoritarismus unterwirft sich das Individuum einer anderen Macht und verschmilzt mit dieser. Das gibt Struktur, vermeintliche Stärke und Sicherheit. Der andere Zugang ist selbst Autorität zu errichten und somit andere Menschen einer Struktur zu unterwerfen. Beides hatte Fromm in den dreißiger Jahren in Deutschland hautnah erleben müssen. Aber auch heute sehen wir diese Tendenzen. Seien es die Hooligans der europäischen Fußballclubs, radikale politische Organisationen oder auch Sekten, das Prinzip des Autoritarismus ist eine ständige Bedrohung für eine Gesellschaft und für jedes Individuum im Einzelnen.

Der zweite Weg der Flucht vor der eigenen Freiheit ist die sogenannte Zerstörung. Diese Flucht äußert sich zunächst oft in Gewalt gegen Dinge, wie Vandalismus und später in Brutalität gegen Angehörige und andere Mitmenschen bis hin zu schwersten Verbrechen und Terrorismus. Jeder Amoklauf kann dieser Art von Flucht zugeordnet werden. Die Zerstörung kann sich aber auch nach innen richten. Dann führt die Flucht über Alkoholismus und Drogenmissbrauch oft hin zum Suizid. Ob die

Zerstörungskraft sich nach außen oder innen richtet, hängt stark von der Persönlichkeitsstruktur des jeweiligen Menschen ab.

Am relevantesten für unsere Betrachtung ist jedoch die dritte Variante der Flucht vor der eigenen Freiheit. Sie ist aktueller denn je. Hierbei handelt es sich um die Flucht ins Konformistische. Dabei verstecken wir uns in einer Massenkultur und lehnen die eigene Verantwortung ab, da unser Beitrag ja gar nicht spürbar sei. Wahlbeteiligungen von unter 60% in Demokratien, mangelndes Umweltbewusstsein, Markenfetisch und die massenhafte Fankultur in Zeiten von Social Media sind Ausdruck davon, wie ausgeprägt die Flucht ins Konformistische auch heute ist. So folgen z.B. über 250 Millionen Menschen Cristiano Ronaldo auf Instagram und quittieren jeden Post folgsam mit einem „Gefällt". Erich Fromm hatte damals noch das NS-Regime vor Augen. Wenn ich mit der Gesellschaft verschmelze, muss ich meine Freiheit und die damit verbundene Verantwortung nicht übernehmen. Xi Jinping, der Staatpräsident der Volksrepublik China, hat garantiert Erich Fromm gelesen. In keinem Land ist die Flucht ins Konformistische ausgeprägter als in China. Der Staat fördert diese und sieht in ihr sogar die Basis für den Aufstieg zur führenden Nation der Welt. Ausdruck hierfür ist das Sozialkredit-System, das Konformismus auf individueller Ebene belohnt.

Wie gefährlich die Kombination aus Social Media und politischer Einflussnahme werden kann, haben wir 2021 rund um die Ereignisse der amerikanischen Präsidentschaftswahlen gesehen. Aber auch in Deutschland haben wir dessen destruktive Kraft kennen lernen müssen. Die Aktivitäten um die Querdenkerbewegung während der Corona-Pandemie zeigen, wie anfällig Menschen für die Flucht ins Konformistische sind. Perfide ist dabei, dass sich die Bewegung den Anschein gibt, gerade gegen das Konformistische anzugehen. Aber ein genauerer Blick auf die Vorgehensweise und die Thesen dieser Bewegung zeigt deutlich auf, dass es nicht um eine offene Diskussionskultur geht, sondern um eine konformistische Gesamthaltung aus einem hochbrisanten Mix gefährlicher politischer sowie gesellschaftlicher Positionen, die nur noch Gegner oder Anhänger kennen, nur noch schwarz oder weiß.

Dabei ist alles schon längst gedacht und sogar aufgeschrieben worden, was uns Menschen wirklich weiterbringen würde. Haben sie schon einmal von **Giovanni Picco della Mirandola** gehört oder gelesen?

Nein? Keine Angst, da sind Sie in guter Gesellschaft. Vermutlich kennen weniger als 1% aller Menschen diesen großen Geist, der in meinen Augen als Begründer des Humanismus bezeichnet werden müsste. Pico della Mirandola lebte von 1463 bis 1494 im heutigen Italien. Bereits im Alter von 14 Jahren startete Pico seine akademische Laufbahn. Er studierte Recht und Philosophie und lernte Griechisch, Hebräisch sowie Arabisch. So konnte er alle bedeutenden Schriftquellen im Original studieren. Dazu gehörten Aristoteles, Platon, die jüdische Kabbala, arabische Schriften, mittelalterliche Mystiker sowie die Apokryphen.

Dabei stellte er fest, dass alle bekannten Philosophen und Theologen bestimmte und allgemeingültige Positionen vertreten, die zu einem Gesamtkontext vereinbar seien. Pico della Mirandola verkehrte in den höchsten gesellschaftlichen Kreisen. Einer seiner größten Förderer war Lorenzo de Medici il Magnifico. Doch Pico della Mirandola ging es nicht um Einfluss oder Macht. Er hielt fest, „dass ich niemals aus einem anderen Grunde philosophiert habe als um zu philosophieren und aus meinen Studien, aus meinen nächtlichen Arbeiten irgendeinen anderen Gewinn erhofft und erstrebt habe als die Bildung meines Geistes und die Erkenntnis der von mir über alles ersehnten Wahrheit" (Pico della Mirandola 1990, S. 35).

Ihm geht es nicht um die Wahrheit einzelner Positionen, sondern um den Diskurs. Seine Wahrheit liegt gerade in der Vielfalt, die jedoch auf einer verborgenen Einheit beruht.

Wir können die Welt (oder das Göttliche) nicht erfassen, wir können nur ein Bild von der Welt entwerfen. Dieser Bilder gibt es beliebig viele und alle bestehen mit gleichem Recht nebeneinander. Im Jahre 1486 fasste er sein Wissen in 900 Thesen zusammen und nannte sein Werk „Conclusiones philosophicae, cabalisticae et theologicae". Pico della Mirandola plante einen großen Kongress in Rom, auf dem Wissenschaftler, Philosophen und Theologen in Form von öffentlichen Gesprächen die Übereinstimmungen aller wissenschaftlicher und religiöser Lehren erörtern sollten. Für diese Veranstaltung verfasste er eine Eröffnungsrede, die später unter dem

Titel „Oratio de hominis dignitate" veröffentlicht wurde. Doch Papst Innozenz VIII. untersagte diese Veranstaltung und verbot kurze Zeit später auch die weitere Publizierung der 900 Thesen. Pico della Mirandola wurde aus der römisch-katholischen Kirche exkommuniziert. Er floh nach Frankreich, doch auch dorthin reichte der starke Arm Innozenz VIII. Der Papst wollte Pico wegen Häresie verurteilen und erließ einen Haftbefehl. Es ist Karl VIII., König von Frankreich, der den Beinamen „der Freundliche" trug, zu verdanken, dass Pico della Mirandola sich dem Zugriff des Vatikans entziehen konnte. Allerdings starb Pico bereits im 32. Lebensjahr unter mysteriösen Umständen. Man vermutet, er wurde vergiftet. Am Tag seines Todes, dem 17. November 1494, zog Karl VIII nach gewonnenem Feldzug gegen Italien gerade in Florenz ein. Offenbar hatten die Mächtigen erkannt, welche Gefahr für sie persönlich von den Gedanken eines einzelnen Menschen ausging.

Doch hören wir einen Ausschnitt der Rede, die Pico della Mirandola für uns Menschen verfasst hatte und stellen uns vor, wir wären damals unter den öffentlichen Zuhörern gewesen, hätte diese Veranstaltung tatsächlich stattgefunden. In einer zentralen Passage wendet sich kein geringerer als der Schöpfer an unseren Urvater:

*

„Wir haben dir keinen festen Wohnsitz gegeben, o Adam, kein eigenes Aussehen noch irgendeine besondere Gabe, damit du den Wohnsitz, das Aussehen und die Gaben, die du dir aussiehst, entsprechend deinem Wunsch und Entschluss habest und besitzest. Die Natur der übrigen Geschöpfe ist fest bestimmt. Du sollst dir deine Natur ohne jede Einschränkung, nach deinem Ermessen, dem ich dich anvertraut habe, selber bestimmen. Weder haben wir dich himmlisch noch irdisch, weder sterblich noch unsterblich geschaffen, damit du wie dein eigener, in Ehre frei entscheidender, schöpferischer Bildhauer dich selbst zu der Gestalt ausformst, die du bevorzugst. Du kannst zum Niederen, zum Tierischen entarten; du kannst aber auch zum Höheren, zum Göttlichen wiedergeboren werden, wenn deine Seele es beschließt" (Pico della Mirandola 1990, S. 5-7).

*

Der Mensch ist also zur Freiheit bestimmt. Es ist – aus der damaligen religiösen Sicht auf das Leben formuliert – eine gottgewollte Aufgabe, der sich der Mensch nicht entziehen kann. Selbst wenn er sich nicht entscheidet und seine Lebensaufgabe nicht annimmt, lebt er diese Freiheit aus. Doch die Entwicklung strebt dann zum Niederen, was wiederum einer Wahl gleicht. Im Grunde genommen gibt es daher keine Nicht-Entscheidung.

Die Freiheit ergibt sich durch die Unbestimmtheit des Menschen. Er kann selber als Schöpfer wirken. In jedem Menschen steckt also das Göttliche. Ein wunderbarer Gedanke. Wir schaffen also unser eigenes Wesen und unser Sein, wir sind also nicht determiniert, nicht vorbestimmt.

Man bedenke, dass diese Aussagen weit über 500 Jahre alt sind. In dieser Zeit glichen die Rahmenbedingungen der Menschen einem engen Korsett. Der Mensch wurde in einen Stand hineingeboren. Das ständische Gesellschaftssystem war hoch statisch, die soziale Mobilität extrem gering. Zünfte regelten den Zugang zu vielen Berufen und die Möglichkeiten des ungefilterten Wissenserwerbes war vor der Erfindung des Buchdrucks nur wenigen privilegierten Personen vorbehalten. Der Bewegungsradius eines Menschen war extrem klein, denn das Reisen war damals ein kostspieliges Unterfangen.

Pico della Mirandola war also ein genialer Visionär. Würde er heute auf die Welt zurückkehren, was würde er wohl denken?

Unsere Rahmenbedingungen müssten ihm wohl als geradezu ideal vorkommen. Politisch frei, an keinen Stand gebunden, Meinungsfreiheit, Redefreiheit, Religionsfreiheit und Zugang zum gesammelten Wissen der Welt auf Knopfdruck.

Doch was machen wir aus diesen Rahmenbedingungen?

Diese Frage muss jeder für sich beantworten. Ich treffe mittlerweile viele Menschen, die sich schöpferisch betätigen und ihr Leben ganz bewusst annehmen und dabei das Gemeinschaftsgefühl nähren. Als ich zum ersten Mal die ganze Kraft des Werkes des Pico della Mirandolas verinnerlichen konnte, lösten sich viele Widersprüche auf, die mich mein Leben lang begleitet hatten. Das

Spüren einer universellen Einheit und Verbundenheit ist heute mein Grundgefühl, vor dem ich lebe und arbeite. Zu wissen, dass mehrere Wahrheiten nebeneinander gültig sein können, nimmt mir den Druck und öffnet den eigenen Horizont.

In jeder Begegnung mit anderen, liegt es mir frei, das Göttliche in meinem Mitmenschen zu sehen. Jeden Tag kann ich schöpferisch wirken, verweilen oder degenerieren. Ich habe die Wahl, ich bin frei!

Zukünftig wird das Thema der Freiheitsauslebung meines Erachtens stark an Bedeutung gewinnen. Denn immer mehr Menschen wird klar werden: Nur wenn wir die Freiheit im Sinne Mirandolas, Kants und Fromms verstehen und leben, haben wir die Chance, aus dieser Welt einen noch besseren Ort zu machen und unser persönliches Leben zu bereichern.

▽ II. Individuation – ein lebensveränderndes Konzept

Ist man erst einmal an dem Punkt angekommen, sich seiner eigenen Freiheit in der Form bewusst zu werden, wie im vorherigen Kapitel dargestellt, geht ein weites Tor auf. Über diesem Tor steht in großen Lettern: „Was für ein Leben will ich führen?"

Gehen wir bewusst durch dieses Tor und stellen uns dieser Frage, gelangen wir zur Individuation. Ich traf auf diesen Begriff und die damit verbundenen Zusammenhänge erst zu einem Zeitpunkt, da ich mein Leben schon stark verändert hatte.

Kann es helfen, das Konzept der Individuation vorab zu kennen, oder ist eine frühe Kenntnis eventuell sogar abträglich?

Aus meiner Erfahrung heraus kann ich sagen: Seitdem ich das Prinzip der Individuation verinnerlicht habe, fallen mir viele Handlungen und Entscheidungen bedeutend leichter, da ich bestimmte Hintergründe besser verstehe. Es kann also durchaus helfen, früher davon zu erfahren. Also erläutere ich es im Folgenden.

Auch wenn sich die Idee der Individuation bis zu den ersten Texten der Menschheit zurückverfolgen lässt, so gilt doch **Carl Gustav Jung** als ihr Begründer. Für ihn war die Individuation sehr stark mit der Auseinandersetzung mit dem sogenannten „kollektiven Unbewussten" verbunden. Erinnern Sie sich an die Definition des Unbewussten, auf die ich in einem der vorherigen Kapitel hingewiesen habe? Jung bezeichnet das Unbewusste als „alles was ich weiß, an das ich aber momentan nicht denke; alles, was mir einmal bewusst war, jetzt aber vergessen ist; alles, was von meinen Sinnen wahrgenommen, aber von meinem Bewusstsein nicht beachtet wird; alles was ich absichts- und aufmerksamkeitslos, d.h. unbewusst fühle, denke, erinnere, will und tue; alles Zukünftige, das sich in mir vorbereitet und später erst zum Bewusstsein kommen wird; all das ist Inhalt des Unbewussten" (Jung 1991, §382).

Die Inhalte des Unbewussten untergliedert Jung in einen individuellen und einen kollektiven Bereich. Den kollektiven Bereich des Unbewussten teilen wir uns mit der gesamten Menschheit, so die Annahme Jungs. Hier wirkt die Lehre von Jung sehr spirituell und bei meiner ersten Begegnung mit diesen Ideen war ich skeptisch. Die Natur ist allerdings voll von Phänomenen, die seine Annahme unterstützen. Man denke nur an die Aale, die auf unerklärliche Weise eines Tages die heimischen Flüsse verlassen und zur Paarung 7000 km zur Sargassosee schwimmen. Dort verenden die Fische nach dem Laichen. Die Leptocephalus-Larven finden den Weg zurück zu den heimischen Gewässern ihrer Eltern, ohne diesen jemals begegnet zu sein. Andere unerklärliche Phänomene können wir bei Elefanten, Schildkröten und Walen beobachten. Warum soll also nicht auch der Mensch über Quellen verfügen, die auf dem Erlebten seiner Vorfahren beruhen. Jung bezeichnet diese Zusammenhänge als Archetypen. Archetypen sind vereinfacht ausgedrückt Grundstrukturen menschlicher Vorstellungs- und Handlungsmuster. Der Individuationsprozess ist ein archetypischer menschlicher Prozess der Reifung. Indem wir uns unserem Selbst annähern, welches weit über das uns vertraute Ich hinausreicht und für die Ganzheit und Einheit der Gesamtpersönlichkeit steht, beginnen wir zu reifen. Zum Selbst gehören insbesondere auch die unbewussten Anteile und daher ist es unbegrenzbar. Das Selbst wirkt auf unsere Psyche ein und ist auch unser schöpferischer Urgrund. „Wird der Archetypus des Selbst erlebt, dann entsteht ein Lebensgefühl der Selbstzentrierung, der Schicksalhaftigkeit einer Situation, begleitet vom Erleben einer fraglosen

Identität und einem unabweisbaren Sinnerleben, mit einem sicheren Selbstwertgefühl und Vertrauen ins Leben" (Kast 2014, S. 49).

Es gab einen Punkt in meiner Individuation, an dem ich das erste Mal ein Gefühl für das Selbst bekam, es tatsächlich wahrnahm. Am ehesten kann ich es wohl so beschreiben, dass es einem Eingebundensein in etwas ganz Großes und Vollkommenes glich. Ich erkannte, dass ich nicht nur mein Ego bin, sondern weit darüber hinaus reiche. Was ist hier mit „Ego" gemeint?

Unser Ego haftet sich immer an Dingliches an, wie Körper, Besitz, Beruf. Das Ego will alles bewerten und benennen. Es will sich abgrenzen und sucht immer wieder eine Form, um sich auszudrücken und vermeintlich sichtbar zu werden. Doch das Ego ist Illusion. Sobald es gelingt zu erkennen, was wir nicht sind, kommt das zum Vorschein, was wir sind. Das ist das Selbst. Das Selbst ist Raum, es haftet nicht an. Das Selbst besitzt nichts, es IST. Wahrnehmungen des Selbst habe ich vor allem in der Natur. Für mich ist das Meer ein Symbol des Selbst. In einer meiner intensivsten Selbsterfahrung, die im Zusammenhang mit den Elementen Wasser und Luft steht, löste sich meine Angst vor dem eigenen Tod auf.

Nach Jung gibt es so etwas wie einen Übergang der Lebensmitte. Während wir in der ersten Lebenshälfte unseren Platz in der Gesellschaft finden wollen (Familiengründung, berufliche Karriere, Einkommenssicherung), kommt es in der Mitte des Lebens zu einer Neubewertung. In dieser kulturellen Phase geht es um die Bewahrung der früheren Werte bei gleichzeitiger Anerkennung ihrer Gegenteile (Jung 1995, §§114-117).

Jung selber hat in dieser Phase seines Lebens einen experimentellen Weg beschritten, der später als die „Auseinandersetzung mit dem Unbewussten" bekannt wurde (Jung 2007, S. 174). Hierbei entwickelte er eine Technik, die heute als „aktive Imagination" in der Psychologie weit verbreitet ist. Seine Phantasien erfasste Jung zunächst in schwarzen Notizbüchern. Später überarbeitete er die Aufzeichnungen, ergänzte diese um Reflexionen und kunstvolle Bilder und übertrug sie in einer beeindruckenden kalligraphischen Weise in ein rot gebundenes Buch, welches er als LIBER NOVUS bezeichnete. Insgesamt arbeitete Jung von 1913 bis 1930 an diesem Werk, welches nach seinem Tod zunächst in einem Bankschließfach verwahrt wurde, da Jung es ausdrücklich nicht zur Veröffentlichung vorgesehen hatte. Selbst vielen seiner Nachkommen war das Werk nur teilweise bekannt. Erst im Jahr 2000 beschloss die Erbengemeinschaft Jung, das Buch zur Publikation freizugeben. Sonu Shamdasani, der mit dem Projekt beauftragt wurde, ist ein wunderbares Werk gelungen, das jedem Interessierten einen faszinierenden Zugang zu den intimen Gedanken und kunstfertigen Ausführungen des Psychoanalytikers Jung ermöglicht.[6]

---

6 Das Rote Buch, von C.G. Jung, herausgegeben von Sonu Shamdasani, Patmos Verlag

Was aber genau bedeutet nun Individuation? Im Grunde genommen geschieht in der Individuation die Anpassung an das eigene Innere im Gegensatz zur Anpassung an andere.

Individuation bedeutet eine sehr bewusste Auseinandersetzung mit sich selber. Im Roten Buch beschreibt Jung die Individuation als einen besonderen Pfad, den man wählen kann. „Das Eine habe ich gelernt, dass man nämlich dieses Leben leben muss. Dieses Leben ist der Weg, der längst gesuchte Weg zum Unfassbaren, das wir göttlich nennen. Es gibt keinen anderen Weg. Alle anderen Wege sind Irrpfade. Ich fand den rechten Weg, er führte mich zu dir, zu meiner Seele (Jung 2016, Liber Primus, Fol. II, Cap. I)" Hier klingt der Gedanke von Pico della Mirandola an. Das Göttliche ist in allen Menschen angelegt. Jung, der ein ausgesprochen introvertierter Denker war, sah die Notwendigkeit, sich seiner Seele zu nähern. Unter Seele verstand Jung vor allem das Intuitive und Fühlende. Jung prägte den Begriff Anima. Die Anima ist das Seelenbild des Mannes und symbolisiert die Beziehungsfunktion. Auch die Anima ist ein Archetyp. Später entwickelt Jung aus diesen Erfahrungen und aus Beobachtung seiner Patienten eine Typenlehre, deren Ansätze noch heute im MBTI®[7] verwendet werden. Ihm fiel auf, dass Menschen sehr unterschiedlich folgende Aspekte ausleben.

---

7 MBTI – Myers-Briggs-Typenindikator

Woher beziehe ich meine Energie?

Wie nehme ich Informationen auf und verarbeite Sinneseindrücke?

Auf welcher Grundlage treffe ich Entscheidungen?

Jeder dieser Aspekte hat zwei gegensätzliche Pole.

Bei der Frage nach der Quelle der Energie gibt es die zwei Pole Extraversion und Intraversion. Bei der Extraversion beziehen die Menschen ihre Energie aus der Außenorientierung. Ihre Sinneserfahrung haben die Tendenz zur Weite. Bei der Intraversion beziehen die Menschen ihre Energie aus der Innenorientierung. Ihre Sinneserfahrung haben die Tendenz zur Tiefe.

Die Verarbeitung von Sinneseindrücken können einerseits sensorisch erfolgen. Jung bezeichnete dieses als Empfinden. Dabei werden nur die unmittelbaren Eindrücke der fünf Sinne gewichtet und exakt verarbeitet. Andererseits können Sinneseindrücke auch intuitiv verarbeitet werden. Menschen mit einer hohen Intuition verlassen sich auf ihren sogenannten 6. Sinn und glauben dabei, einen Gesamtzusammenhang zu berücksichtigen.

Auch bei der Entscheidungsfindung gibt es zwei Pole. Das Denken betrachtet die vorliegenden Informationen von einem rationalen Standpunkt aus und versucht mit Hilfe von objektiven Wertesystemen zu Entscheidungen zu gelangen. Das Fühlen beachtet ein persönliches Wertesystem und moralische Aspekte bei der Entscheidungsfindung.

Bei der Individuation geht es nun darum, die jeweils weniger ausgeprägte Funktion kennen zu lernen und ihr einen Platz in seinem Leben einzuräumen. Aus den Erfahrungen meines Coachings kann ich bestätigen, dass viele Menschen eine deutliche Tendenz zu einer jeweiligen Orientierung aufzeigen. Das beobachtete auch Jung bei seinen Patienten, aber ja auch schließlich bei sich selber. „Die Menschen ziehen aber das eine oder das andere vor. Die einen lieben das Denken und gründen darauf die Kunst des Lebens. Sie üben ihr Denken und ihre Vorsicht, so verlieren sie ihre Lust. [...] Die anderen lieben die Lust, sie üben das Fühlen und Erleben. So verlieren sie das Denken. Darum sind sie jung und blind. Die Denkenden gründen die Welt auf Gedachtes, die Fühlenden auf Gefühltes. Du findest die Wahrheit und den Irrtum in beiden" (Jung 2016, Liber Primus, Fol. V).

Hier haben wir einen Gedanken der Individuation, der unser Leben erleichtern kann. Sich den jeweils anderen Polen anzunähern, sie anzuerkennen oder spielerisch auszuprobieren, erweitern unsere Sinneserfahrungen und lässt unser Verständnis für andere Menschen wachsen. Zu wissen, dass in jeder Haltung Wahrheit und Irrtum zugleich steckt, lässt mich z.B. heute leichter durchs Leben gehen und Entscheidungen treffen. Als ursprünglich sehr intuitiver und fühlender Mensch habe ich mittlerweile die Facetten meiner Sensorik zu schätzen gelernt und übe mich im kritischen Denken.

Die Aufgabe, ein Buch zu verfassen, ist eine solche Annäherung an das Denken. Bewusst habe ich mir diese Herausforderung ausgesucht, um mich in diesem Bereich zu entwickeln. Aufwendige Recherche, komplexe Formulierungen, Quellenarbeit und Korrekturlesen sind Aufgaben, die ich als intuitiv/fühlender Mensch früher gemieden habe. Nach einer gewissen Zeit wurde mir aber diese Methode der Informationsverarbeitung und Entscheidungsfindung immer vertrauter und ich spüre, wie mich diese Art zu denken wachsen lässt. Ich werde dadurch nie meine Grundtendenz zur Intuition und zum Fühlen verlieren. Ich werde weiterhin Bauchentscheidungen treffen und mich auf das erste Gefühl verlassen, wenn ich neuen Menschen begegne. Und ich werde lieber Seminare und Veranstaltungen moderieren, als weitere Bücher zu schreiben.

Ich habe an diesem Beispiel versucht zu verdeutlichen, was Jung damit meinte, wenn er forderte, sich dem anderen Pol anzunähern. Dem Extrovertierten kann die Innenschau helfen, dem Introvertierten ein dosierter Aufbau von Interaktionen mit anderen Menschen. Der sensorisch empfindende Mensch könnte seinen 6. Sinn trainieren und der intuitive Mensch lernen, seine 5 bekannten Sinne wie Werkzeuge einzusetzen. Der überwiegend denkende Mensch könnte versuchen Gefühle zuzulassen und der emotionale Mensch könnte sich in Rationalität üben.

Das menschliche Wachstum geht nicht in die Höhe. Das ist wohl der größte Irrtum. Leider ist der Markt voll von Ratgebern und Rezepten, die ein Wachstum in die Höhe versprechen. Insbesondere das Internet suggeriert diese Möglichkeit, des immer besser, immer schneller, immer reicher...

Das menschliche Wachstum geht jedoch in die Tiefe, indem wir uns vervollkommnen. Das ist das Wesen der Individuation.

Ein weiterer wichtiger Aspekt ist, das zu erkennen, was in einem angelegt ist. Es geht darum, das eigene Leben anzunehmen. Dazu gehört zunächst die Akzeptanz des eigenen Ichs. Solange ein Mensch noch folgende Gedanken hegt, ist der Weg zur Individuation versperrt:

„Wäre ich doch auf eine andere Schule gegangen."
„Hätte ich niemals diesen Mann/diese Frau geheiratet."
„Wäre ich nur ein wenig hübscher/größer/schlanker/stärker/reicher."

Diese Gedanken deuten darauf hin, dass ich das Leben eines anderen leben möchte, da ich mein eigenes Ich nicht voll und ganz akzeptiere.

Erst wenn ich mein Ich angenommen habe, steht mir der Weg zu meinem Wesen oder meinem Selbst offen. Dann erkennen wir, was für ein Leben in uns angelegt wurde und können die Aufgabe annehmen, dieses Leben im Einklang mit der Gesellschaft, der Menschheit und dem Universum zu leben.

Hermann Hesse, dessen Werke stark unter dem Einfluss des Individuationsthemas stehen, schrieb in seinem 75. Lebensjahr nach der Begegnung mit einem alten Schulfreund: „Wie gut, wie schön und richtig war es doch, dass wir beide so verschieden an Temperament, Konstitution und Gaben waren! Vielmehr: wie schön war es, dass jeder von uns seinem Wesen treu geblieben und gerade das geworden war, was seine Natur hergab, der gelassene, aber unermüdliche Beamte mit der starken Neigung zu Dichtung und Gelehrsamkeit, und der nervöse, allzu leicht ermüdbare und heimlich dennoch zähe Literat" (Hesse 2002, S.117).

In diesen Zeilen klingt das tiefe Verständnis von Individuation an, welches Hesse auf seinem eigenen Lebensweg erlangt hatte. Im abschließenden Kapitel werde ich Sie noch ein wenig mit seinen Werken vertraut machen.

Ich hoffe sehr, dass auch deutlich wurde, dass die Individuation kein Erfolgsrezept zum glücklichen Leben ist. Ein Rezept gibt exakte Zutaten vor und beschreibt, wie und in welcher Reihenfolge diese verarbeitet werden. Da in jedem Menschen ein anderes Wesen steckt und ein individuelles Leben angelegt wurde, gibt es so viele Rezepte, wie es Menschen gibt. Das Konzept der Individuation hilft uns aber, dieses zu erkennen, und macht Mut, uns von den gefühlten Zwängen zu befreien. Es nimmt den Druck der Ausrichtung auf externe Ziele und lässt uns den Irrsinn des allgegenwärtigen Optimierungswahns erkennen.

Der tiefgründigste Aspekt der Individuation ist die Beschäftigung mit dem Unbewussten. Dieser Punkt ist sicherlich der subjektivste und zugleich schwierigste. Jeder Mensch kennt nur sein eigenes Innenleben und daher beschränke ich mich zur Verdeutlichung auf meines. Mir fiel auf, dass ich vor einigen Jahren wieder angefangen hatte zu träumen. Besser gesagt: ich konnte mich an meine Träume erinnern. Ich fing an meine Träume aufzuschreiben. Dazu legte ich einen kleinen Block und Bleistift auf den Nachttisch. Gleich morgens konnte ich dann das Erinnerte notieren. Anfangs machte das alles wenig Sinn, aber es war doch lustig, welche Bilder das Unbewusste einem in der Nacht produziert. Denn das sind ja Träume, rein physikalisch betrachtet. Ich kann mit meinem Bewusstsein, meinem Willen nicht steuern, welche Bilder mir mein Unbewusstes in der Nacht präsentiert.

Mit der Zeit träumte ich immer häufiger und die Bilder waren morgens noch sehr präsent.

Irgendwann geschah dann etwas sehr Unerwartetes. Mir fielen plötzlich Träume aus meiner Kindheit ein. Traum für Traum kam aus den Tiefen meines Unbewussten an die Oberfläche. Das geschah sogar tagsüber bei vollem Bewusstsein in ganz unterschiedlichen Momenten. Mit den lang verschollenen Träumen meiner Kindheit kamen auch Stück für Stück die damit verbundenen Gefühle zurück. Ich schrieb auch diese erinnerten Träume nieder und dabei erkannte ich auch deren Bedeutung (für mich). Es waren vor allem die damals wiederkehrenden

Träume, die ich als Schlüsselträume bezeichne. Einer dieser Schlüsselträume hatte das wiederkehrende Motiv des Fliegens. Ich konnte entweder mit einfachen Hilfsmitteln wie einem Sonnenschirm oder auch nur mit der Kraft meiner Arme fliegen. Das Traummotiv des Fliegens ist offenbar weit verbreitet. Ich musste schmunzeln, als mir kürzlich mein Sohn erzählte, dass er immer wieder vom Fliegen träume. Es gibt ja eine feste Art von Traumdeutung, über die schon viele Bücher geschrieben wurden. Daran glaube ich nicht. Vielmehr verstehe ich Träume als eine Art der Selbstregulierung unserer Psyche. Das Traummaterial gibt uns Gelegenheit der Reflexion, wir können den Motiven eine eigene Bedeutung geben. Für mich ist das Fliegen eine Art von Aufforderung zu Abenteuern und Mut gewesen, welches mir mein Unbewusstsein in der Kindheit gesendet hatte.

Auf diese Weise nähere ich mich heute den Motiven meiner aktuellen Träume. Immer wieder entstehen auf diese Weise interessante Gedankenpfade und Reflexionsflächen.

Über die Zeit wurde bei mir dadurch die Trennschicht zwischen dem Unbewussten und dem Bewusstsein durchlässiger. Und genau darum geht es bei diesem Aspekt der Individuation, dem Arbeiten mit unbewussten Anteilen. Weitere gute Methoden sind das freie Assoziieren oder das freie Malen. Beide Methoden haben eine große Bedeutung in der modernen Psychoanalyse und sind zugleich auch Urgrund eigener Kreativität.

An dieser Stelle möchte ich noch einmal mein Erlebnis aus der Nacht in Lettland aufgreifen, in der ich mitten im Schlaf (oder Einschlafprozess) das Bild der Axt über mir sah und senkrecht im Zelt saß. Woher kommt ein solches Bild, ein solches Motiv? Für mich war dieses die erste verständliche Begegnung mit dem kollektiven Unbewussten. Die Axt hat für mich persönlich keine Bedeutung. Ich benutze keine Axt, auch schaue ich keine Horrorfilme; und doch kam dieses Bild in der Situation des Übernachtens in der Wildnis hoch. Nach diesem Erlebnis habe ich nun eine Vorstellung davon, was Jung mit dem kollektiven Unbewussten beschreibt. Wir Menschen sind verbunden mit unseren Vorfahren; deren Lebensweise hat nicht nur unsere heutige Physiognomie geprägt, sondern ganz offenbar auch Muster in unserer Psyche angelegt, die wir mit allen anderen Menschen teilen.

Auch Friedrich Schiller spielte in seiner Ode „An die Freude" an das Archaische an, als er 1785 dichtete: „Auf des Glaubens Sonnenberge sieht man ihre Fahnen wehn, durch den Riss gesprengter Särge sie[8] im Chor der Engel stehn."

Die Beschäftigung mit dem Unbewussten, insbesondere mit dem persönlich Unbewussten, führt uns auch zu unseren „Schatten". Mit diesem Ausdruck sind all die unangenehmen Eigenschaften in uns gemeint, die wir gerne verdrängen oder auf andere Menschen projizieren. In der Technik 1, der Verortung eines Neuanfangs, steckt mit

---

8 Die Freude

der Fragestellung: „Gibt es Routinen oder schlechte Angewohnheiten, die mir zuinnerst zuwider sind und mir dauerhaft schaden werden?" eine Möglichkeit der ersten Annäherung an unseren Schatten. Dass dieser Schritt sehr unangenehm ist, betonte bereits Jung: „Wer zu sich selber geht, riskiert die Begegnung mit sich selbst. Der Spiegel schmeichelt nicht, er zeigt getreu, was in ihn hineinschaut, nämlich jenes Gesicht, das wir der Welt nie zeigen, weil wir es durch die Persona, die Maske des Schauspielers, verhüllen. Der Spiegel aber liegt hinter der Maske und zeigt das wahre Gesicht. Dies ist die erste Mutprobe auf dem inneren Wege, eine Probe, die genügt, um die meisten abzuschrecken, denn die Begegnung mit sich selber gehört zu den unangenehmeren Dingen, denen man entgeht, solange man alles Negative auf die Umgebung projizieren kann. Ist man imstande, den eigenen Schatten zu sehen und das Wissen um ihn zu ertragen, so ist ein kleiner Teil der Aufgabe gelöst: man hat wenigstens das persönliche Unbewusste aufgehoben" (Jung 1990, S. 23).

Ich fasse zusammen und wiederhole noch einmal:

Individuation ist als ein Prozess der Selbstwerdung zu verstehen, bei dem eine Anpassung an das Innere erfolgt. Dabei wird es sich nicht vermeiden lassen, Erwartungen anderer zu enttäuschen und mit Regeln zu brechen. Ziel ist es aber nicht, ein Rebell oder Außenseiter zu werden, sondern seinen eigenen Weg zu finden im gewissen Einklang mit der Gesellschaft. Der Prozess beinhaltet die Entwicklung eigener Fähigkeiten und Anlagen zur Wahrnehmung, Haltung und Entscheidungsfindung. Ziel des

Prozesses ist eine schrittweise Bewusstwerdung und das Sich-Erkennen als etwas Eigenes und Einmaliges. Dazu gehört auch die Anerkennung der Schattenanteile, die von da an in die Gesamtpersönlichkeit integriert werden. Individuation hat kein finales Ziel und läuft – einmal angestoßen – ein Leben lang weiter.

▽ III. Quellen weiterer Inspiration

Bücher sind wie tiefe Brunnen. Im Gegensatz dazu ähnelt die Erkenntnis- und Meinungsaneignung aus Quellen des Internets in Form von YouTube, Instagram, Webpages & Weblogs, Facebook, Wikipedia, Twitter, Snapchat, Blogs[9], die insbesondere in der jüngeren Generation dominiert, dem Schöpfen aus einem breiten Fluss. Es ist mühsamer, das Wasser aus einem tiefen Brunnen Eimer für Eimer an die Oberfläche zu holen. Doch das Wasser aus dem Brunnen ist glasklar und unberührt. Wir alle sollten uns wieder die Zeit nehmen, diese Quellen anzuzapfen und uns ein eigenes Bild von den Dingen zu machen. Bei den von mir vorgestellten Büchern geht es übrigens nicht um Sachbücher. Insbesondere Romane können uns Anregungen zu guten eigenen Gedanken geben oder auch Fragen aufwerfen, die wir dann weiterverfolgen können. Die einfachen Antworten sind selten die guten. Wenn es um die Frage geht: „Wie will ich mein eigenes Leben führen?",

---

9 https://de.statista.com/statistik/daten/studie/1036996/umfrage/umfrage-unter-jugendlichen-in-deutschland-zu-informationsquellen-im-internet/

wird die Antwort nicht in einem fremden Blogbeitrag zu finden sein.

Romane, Geschichten und auch Filme können uns den Zugang zum Unbewussten ebnen. In ihnen begegnen uns regelmäßig archetypische Muster, Konstellationen und Figuren. Diese Archetypen wirken auf unsere Psyche regulierend ein und ermöglichen uns den Zugang zu kollektiv-unbewussten Inhalten, die wir uns im Laufe der Auseinandersetzung mit der Geschichte bewusst machen (vgl. Jung 1990, S. 8 ff).

Einer der großen Erzähler des 19. Jahrhunderts war unbestritten **Fjodor Dostojewski** (1821 – 1881). Ich möchte das Augenmerk auf zwei seiner Werke lenken. In **„Die Brüder Karamasow"** zeichnet Dostojewski die Lebenswege dreier Brüder nach, die nachhaltig durch die Überfigur eines besonderen Vaters bestimmt scheinen. Für mich war diese Erzählung eine gute Reflexionsfläche für die Frage, inwieweit unser Verhalten durch erlebte Traumata vorbestimmt scheint. Das wäre die Freud'sche Denkschule mit ihren Komplexen, die deterministisch auf unser Verhalten Einfluss nehmen. Im Gegensatz dazu steht die Auffassung Adlers, der immer wieder betonte, dass Traumata eine Lebenslüge seien und der Mensch die Möglichkeit hat, per Willensentscheidung seine Vergangenheit als Rechtfertigung für eine in die Zukunft gerichtete Lebensplanung zu nutzen. Die Brüder Iwan, Dmitri und Aljoscha sind sehr unterschiedlich und verkörpern verschiedene Persönlichkeitsstrukturen. Alle drei müssen sich mit einer schwierigen Kindheit und einer katastrophalen Vaterfigur

auseinandersetzen. Der älteste Bruder Iwan ist der intro-
vertierte Denker. Der zweitgeborene Dmitri der extraver-
tierte, sensorische Fühler und Aljoscha, das Nesthäckchen,
der intuitive Fühler, der im Laufe der Geschichte die Denk-
funktion erschließt und eine große Tiefe entwickelt.

Dostojewski zeigt in seinen Romanen die Abgründe der
menschlichen Seele auf. Stets liefert er aber auch den
Weg der Heilung über eine innere Weiterentwicklung und
Vermenschlichung der Charaktere.

In **„Schuld und Sühne"** erleben wir die innere Welt des
Studenten Raskolnikow, der scheinbar getrieben durch einen Wahn die Grenzen der Menschlichkeit überschreitet
und einen Mord begeht. Hier begegnen uns die Themen
Selbstwirksamkeit, Flucht in die Zerstörung, Ehrgeiz und
Eigenliebe sowie die heilende Wirkung in der Erschaffung
eines Gemeinschaftsgefühls. Alfred Adler (1870 – 1937)
hat die Romane von Dostojewski gelesen und sich mit
deren Inhalten sowie der Person des Autors ausführlich
auseinandergesetzt. Ein Beleg hierfür findet sich in seinem Buch „Praxis und Theorie der Individualpsychologie"
(Adler, 2012), in dem er Dostojewski ein komplettes Kapitel widmet.

Der wohl eindrucksvollste Autor zu dem Thema Individu-
ation ist **Hermann Hesse**. Über die Begegnung mit J. B.
Lang, einem Mitarbeiter von C. G. Jung hatte Hesse früh
Einblicke in die neuesten Erkenntnisse der Analytischen
Psychologie. Vielmehr waren es aber Hesses eigene Le-
bensthemen, die ihm die Anstöße zu seinen Werken gaben.

Wer sich Hesse nähern möchte, dem empfehle ich zunächst, seinen **„Demian"** zu lesen. Folgende Zeilen aus der Einleitung deuten auf die Idee der Individuation hin: „Mancher wird niemals Mensch, bleibt Frosch, bleibt Eidechse, bleibt Ameise. Mancher ist oben Mensch und unten Fisch. Aber jeder ist ein Wurf der Natur nach dem Menschen hin. Und allen sind die Herkünfte gemeinsam, die Mütter, wir alle kommen aus demselben Schlunde; aber jeder strebt, ein Versuch und Wurf aus den Tiefen, seinem eigenen Ziel zu. Wir können einander verstehen; aber deuten kann jeder nur sich selbst" (Hesse 1974, S. 10). Hesse hat diesen Entwicklungsroman 1917 unter dem Eindruck des I. Weltkrieges geschrieben und verarbeitet in ihm Kindheits- und Jugenderlebnisse. Seine ergreifende Erzählung des Lebensweges Emil Sinclairs ist voller Symbole und fasziniert noch heute weltweit Millionen von Lesern. Als die südkoreanische Popgruppe BTS für ihr 2016 veröffentlichtes Album Wings Hesses „Demian" in einem Musikvideo verwendete und verschiedene Leitmotive aus dem Werk aufgriff, erfuhr der Roman besonders bei den unter 30-jährigen eine große Resonanz und wurde so fast hundert Jahre nach seinem Erscheinen zu einem Bestseller in Südkorea.

Wunderschön ist auch Hesses spätere indische Erzählung **„Siddhartha"**. Der US-amerikanische Schriftsteller Henry Miller äußerte sich in einem Brief an Volker Michel 1973 zu Hesses Werk: „Einen Buddha zu schaffen, der den allgemein anerkannten Buddha übertrifft, das ist eine unerhörte Tat, gerade für einen Deutschen. Siddhartha ist für mich eine wirksamere Medizin als das Neue Testament" (Michels 1978, S. 302).

Der Siddharta ist ein in Stil, Sprache und Struktur außergewöhnliches Werk. In der Tat reicht Siddharta über den Buddhismus hinaus. Es sind die taoistischen Aspekte, die Integration finden und die jegliches Dogma einer Lehre ablehnen. Siddhartha, der Sohn eines indischen Brahmanen, erfährt über den Prozess der eigenen Individuation, die ihn von der Askese über die Wollust, Begierde, dem Streben nach Gut und Geld hin zu einem Fluss führt, an dem er für den Rest seiner Jahre als Fährmann lebt, die zentrale Erkenntnis: Weisheit ist nicht mitteilbar, sie ist nur erfahrbar.

Ich empfinde Hesses Erzählung als universell. Das Indische ist nur ein schönes Gewand, in das die Dichtung gehüllt ist. Das erklärt vielleicht auch den internationalen Erfolg.

Hesses Siddartha wurde in 23 Sprachen übersetzt und millionenfach aufgelegt. Es gehört damit zu den einflussreichsten Werken der europäischen Literatur des 20. Jahrhunderts. Dieses Buch hat auch mir die größten Anstöße zur Individuation gegeben. Für jeden Menschen gibt es ein Buch, das mit seiner Seele spricht. Mir hat die Erzählung den Zugang zu wichtigen unbewussten Inhalten meines Selbst ermöglicht. Wer Hörspiele mag: Es gibt eine Produktion des hr2, erschienen im Hörverlag. Namhafte Sprecherinnen und Sprecher wie Iris Berben, Christian Friedel, Hans-Michael Rehberg und Udo Samel haben unter der Regie von Leonhard Koppelmann ein Kunstwerk eingelesen.

Sich an Hesses Spätwerk **„Das Glasperlenspiel"** zu versuchen, kann ich nur eingefleischten Hesse Lesern empfehlen. Die Lebensgeschichte des Magister Ludi Knecht kann nur vor dem Hintergrund seiner früheren Werke und dem zeitgenössischen Kontext der Expatriierung verstanden werden. Ähnlich wie **Thomas Manns „Doktor Faustus"**, der die hoch komplexe Lebensgeschichte des Adrian Leverkühns erzählt, hat auch Hesses Glasperlenspiel diverse gedankliche Schichten. Vielleicht kann man es sogar als mehrdimensional bezeichnen. Für den Erstleser dürften aber sowohl Thomas Manns als auch Hermann Hesses jeweiligen Spätwerke abschreckend wirken und den Zugang zu diesen beiden bedeutenden Autoren der deutschen Literaturgeschichte verderben.

Der griechische Autor **Nikos Kazantzakis** hat uns mit seinen zwei Romanen **„Alexis Sorbas"** und **„Freiheit oder Tod"** ebenfalls beeindruckende Werke der Literaturgeschichte hinterlassen. Das Leitthema Kazantzakis ist die Freiheit. Einen großartigen Roman erkennt man daran, dass er allgemeingültig bleibt. So archaisch die Szenen aus den griechisch-türkischen Kriegen in „Freiheit oder Tod" anmuten, so gültig sind diese Muster aus Hass, Blutrache und Vergeltung noch heute in vielen Gesellschaften. Die Charaktere, die uns Nikos Kazantzakis vorstellt, sind vielschichtig und bezaubern zugleich durch eine unnachgiebige Art das eigene Schicksal anzunehmen. Noch auf seinem Grabstein ist der Gedanke der Freiheit verewigt. Dort steht sein Lebensmotto in Stein gemeißelt: „Ich erhoffe nichts. Ich fürchte nichts. Ich bin frei."

Wer im englischsprachigen Raum stöbert, wird unter den Klassikern **„The Great Gatsby"** finden. **Francis Scott Fitzgerald**, Vertreter des Jazz-Age und Teil der sogenannten Lost Generation verfasste bereits im Alter von 29 Jahren diesen Roman, in dessen Mittelpunkt der mysteriöse Charakter Jay Gatsby steht. Vor dem Hintergrund des Glaubens an ein unbegrenztes materielles Wachstum und der Ausschweifungen und Dekadenz der Roaring Twenties entwickelt sich eine dramatische und zugleich tiefgründige Geschichte um Herkunft, Werden und Vergehen der Menschen. Zu Fitzgeralds Lebzeiten fand der Roman wenig Beachtung. Doch heute zählt das Time Magazine **„The Great Gatsby"** zu den hundert besten englischen Büchern. Die Modern Library listete ihn sogar im Jahr 1998 auf Rang 2 der Top 100 englischsprachigen Romane des 20. Jahrhunderts.

Ich kann mir gut vorstellen, dass dieser Roman zu seinem hundertsten Jubiläum im Jahr 2025 eine verblüffende Aktualität haben wird. Stehen wir nicht wieder am Beginn einer Dekade mit ungeahntem Wachstum?

Wer zeitgenössische Schriftsteller bevorzugt, dem empfehle ich **John Irving**. In seinem Roman **„A Prayer for Owen Meany"** verschmilzt er die Themen Glaube, Bestimmung und Menschlichkeit zu einer bewegenden Geschichte. Kaum ein anderer Autor hat die Fähigkeit so glaubhafte Charaktere zu entwickeln und dermaßen fesselnde Geschichten zu erzählen wie John Irving. Die Archetypen der Anima, des Tricksters, des Kindes sowie des Zauberers begegnen uns immer wieder in Irvings Geschichten. Ich kenne viele Menschen, die von den Geschichten Irvings so sehr in den Bann gezogen werden, dass sie die Bücher kaum weglegen können. Das liegt sicherlich in der gekonnten Verwendung archetypischer Konstellationen begründet.

Auch bei Irving empfehle ich einmal mehr das Medium Hörbuch zu testen. Bei ausreichenden Sprachkenntnissen ist es so auch möglich, die Bücher in der Originalsprache des Autors kennen zu lernen.

Weitere lesenswerte oder hörenswerte Romane von Irving sind **„The World According to Garp"**, **"Until I Find You"**, **"Avenue of Mysteries"** und **"In One Person"**.

Philip Roth ist ein weiterer, bedeutender Autor der Neuzeit. Als er 2018 starb, bezeichnete es die Zeit als einen großen Irrtum, dass er nie den Nobelpreis verliehen bekam.[10] An dieser Stelle möchte ich auf seinen Roman **„The Human Stain"** hinweisen, dessen deutsche Übersetzung als **„Der menschliche Makel"** veröffentlicht wurde.

Roth erzählt eine tief verstörende Geschichte, bei der ein Leitthema der Zusammenhang zwischen Herkunft und Schicksal ist. Es ist im Grunde die Antithese zur Individua-

---

10 https://www.zeit.de/kultur/literatur/2018-05/philip-roth-us-schriftsteller-tot

tion. Dramatisch wird geschildert was passiert, wenn man das Leben eines anderen lebt.

Der brasilianische Autor **Paulo Coelho** ist der Meister der mystischen Erzählungen. Sowohl in seinem Erfolgsroman **„Der Alchimist"** als auch in **„Der Fünfte Berg"** geht es um das Grundthema, sein persönliches Schicksal zu finden. Indem der Protagonist erkennt, welches Leben in ihm angelegt ist, kann er all seinen Glauben und all seine Kraft hierauf verwenden. Dann findet er auch die göttliche oder universelle Unterstützung. „Vom Himmel lächelte der Herr zufrieden – weil es genau dies war, was Er wollte, nämlich dass jeder die Verantwortung für sein Leben in die eigenen Hände nahm. Schließlich war dies ja die größte Gabe, die er Seinen Kindern gegeben hatte: Die Fähigkeit, selbst zu wählen und zu bestimmen" (Coelho 1999, S. 190). Hier klingen doch wunderbar die Gedanken eines Pico della Mirandolas wieder, den wir in dem Kapitel „Gedanken zur Freiheit" kennengelernt haben.

Wenn es um die Frage nach dem Sinn des Lebens geht, kommen wir nicht um die Bestseller von **John Strelecky** herum. Mich persönlich hat **„Safari des Lebens"** sehr inspiriert. Es war vermutlich sogar einer der ersten Auslöser meines Umdenkens oder so etwas wie ein Wegbereiter. Mir ist noch heute die Passage vom Ziegenhirten in Erinnerung, der in seiner Arbeit eine Pflicht sieht und davon ausgeht, dass seine Frau und seine fünf Kinder von ihm abhängig sind. Sein Leben lang vermehrt er seine Herde, doch damit wachsen auch seine Sorgen. Über all die Arbeit und Sorgen verpasst er, sein Leben zu leben (Strelecky 2011, S. 88 ff.).

Soweit meine Buchempfehlungen! Ein Versuch von mir, Lust auf Romane zu machen. Mit den hier vorgestellten Büchern erhebe ich natürlich nicht den Anspruch, in irgendeiner Weise repräsentativ oder systematisch zu sein. Es gibt wohl Millionen von Brunnen, aus denen es zu schöpfen lohnt. Meine Idee, Ihnen vor allem Romane vorzustellen, gründet in meiner Erfahrung, dass viele Menschen nur Sachbücher lesen. Sie haben wohl die Haltung, Romane seien Zeitverschwendung, da es sich ja um Fiktion handelt. Haben Sie den Mut, auch einmal einen Roman zu lesen und somit vielleicht einen ersten Zugang zum Unbewussten zu erlangen. Ich persönlich glaube sogar daran, dass es zu jedem Menschen ein besonderes Buch gibt, das lebensverändernde Impulse geben kann.

Epilog

T.S. Elliot weist in seinem Gedicht Little Gidding darauf hin, dass es das Ende ist, von dem wir aus starten. Sie haben das Ende dieses Buches erreicht und nun stellt sich für Sie vielleicht die Frage, wie es weiter geht. Ist dieses Ende ein neuer Anfang oder stellen Sie das Buch ins Regal und machen weiter wie bisher? Der erste Schritt zu einem neuen Anfang ist immer der schwerste, denn die Trägheit ist eine der größten Leidenschaften des Menschen. Das Ego wird Ihnen viele Argumente liefern, warum Ihr Leben, so wie es ist, doch irgendwie gut sei. Horchen Sie daher in sich hinein. Es lohnt sich. In diesem Buch haben Sie einige ausgewählte Aspekte und Übungen kennengelernt, die hierbei helfen können. Jedoch ist jeder Mensch und die damit verbundene Ausgangssituation einzigartig, sodass nur ein individuelles Arbeiten an der Lebensaufgabe zum Ziel führt. Denn es geht ja darum, dass Sie das in Ihnen angelegte Leben erkennen und vollenden.

Literaturverzeichnis

Adler, Alfred (2012): Praxis und Theorie der Individualpsychologie, Anaconda Verlag, Köln

Coelho, Paulo (1999): Der Fünfte Berg, aus dem Brasilianischen von Maralede Meyer-Minnemann, Bertelsmann Club GmbH, Rheda-Wiedenbrück

Fallon, James (2015): Der Psychopath in mir. Die Entdeckungsreise eines Naturwissenschaftlers zur dunklen Seite seiner Persönlichkeit, deutsche Ausgabe, F.A. Herbig, München

Gay, Friedbert (2015): Das persolog® Persönlichkeits-Profil, persolog Verlag für Lerninstrumente, Remchingen

Goddemeier, Christof (2012): Alfred Adler (1870–1937). Begründer der Individualpsychologie, Deutsches Ärzteblatt, PP, Heft 6, S.266

Grant, Adam (2013): Geben und Nehmen, Droemer Verlag, München

Hesse, Hermann (1974): Demian. Die Geschichte von Emil Sinclairs Jugend, Suhrkamp, Frankfurt am Main

Hesse, Hermann (2002): Mit der Reife wird man immer jünger, Insel Verlag, Frankfurt

Jung, Carl Gustav (1990): Archetypen, DTV, München

Jung, Carl Gustav (1991): Die Dynamik des Unbewussten, Gesammelte Werke, Band 8, Walter, Olten

Jung, Carl Gustav (1995): Zwei Schriften über analytische Psychologie, Gesammelte Werke, Band 7, Walter, Solothurn

Jung, Carl Gustav (2007): Erinnerungen, Träume, Gedanken, aufgezeichnet und herausgegeben von Aniela Jaffé, Patmos, Düsseldorf

Jung, Carl Gustav (2011): Psychologische Typen, Gesammelte Werke, Band 6, Patmos, Ostfildern

Kast, Verena (2014): Die Tiefenpsychologie nach C.G. Jung – Eine praktische Orientierungshilfe, Patmos, Ostfildern

Kishimi, Ichiro und Koga, Fumikate (2020): Du musst nicht von allen gemocht werden, aus dem Englischen von Renate Graßtat, Rowohlt, Reinbek

Mandanipur, Shahriar (2020): Augenstern, aus dem Englischen von Regina Schneider, Unionsverlag, Zürich

Michels, Volker (1978): Materialien zu Hesses Siddhartha, Bd. 2, Suhrkamp, Frankfurt a.M.

O'Mara, Shane (2020): Das Glück des Gehens, aus dem Englischen von Hainer Kober, Rowohlt, Hamburg

Pico della Mirandola, Giovanni (1990): Über die Würde des Menschen, lateinisch-deutsch, übersetzt von Norbert Baumgarten, Felix Meiner Verlag, Hamburg

Strelecky, John (2011): Safari des Lebens, aus dem Englischen von Bettina Lemke, DTV, München

Danksagung

Ich danke Dir Marcella für den Freiraum, den Du mir gibst, meine Träume zu leben. Du bist der Grundanker unserer Familie, der uns durch so manchen Sturm getragen hat.

Jeder Autor braucht einen Sparringspartner an seiner Seite. Ohne Gerda Wüst, die diese Rolle mir gegenüber eingenommen hat, wäre dieses Werk so nicht entstanden. Unser regelmäßiger Gedankenaustausch ist eine große Bereicherung. Danke für die vielen Stunden, in denen Du Dich mit diesem Buch beschäftigt und zur finalen Form beigetragen hast.

Der Autor

Sven Bürkner, geboren 1972 in Kiel, absolvierte nach dem Abitur eine militärische Laufbahn. Als Marineoffizier fuhr er mehrere Jahre zur See und wirkte anschließend in der Öffentlichkeitsarbeit der Bundeswehr. Neue Herausforderungen suchend, wechselte er in die Wirtschaft und arbeitete in verschiedenen Vertriebs- und Managementbereichen.

Heute ist er als interner Coach und Persönlichkeitstrainer für ein mittelständisches Familienunternehmen tätig. Seine Schwerpunkte sind die Themen Selbstreflexion, Persönlichkeitsentwicklung, Kommunikation, gesundes Führen, Work-Life-Blending und Individuation.

FSC
www.fsc.org

MIX

Papier | Fördert
gute Waldnutzung

FSC® C083411

Zeitfracht Medien GmbH
Ferdinand-Jühlke-Straße 7
99095 Erfurt, Deutschland
produktsicherheit@kolibri360.de